BÜZZ

© 2024, Aline Soaper
© 2024, Buzz Editora

Publisher **Anderson Cavalcante**
Editora **Tamires von Atzingen**
Editores-assistentes **Letícia Saracini, Pedro Aranha, Érika Tamashiro e Nestor Turano Jr.**
Preparação **Nathan Matos Magalhães**
Revisão **Lígia Alves e Paula Queiroz**
Projeto gráfico **Estúdio Grifo**
Assistentes de design **Nathalia Navarro e Stephanie Y. Shu**

*Nesta edição, respeitou-se o novo
Acordo Ortográfico da Língua Portuguesa.*

Dados Internacionais de Catalogação na Publicação (CIP)
(Câmara Brasileira do Livro, SP, Brasil)

Soaper, Aline
Seja dona do seu dinheiro: A vida não é só pagar boletos /
Aline Soaper.
São Paulo: Buzz Editora, 2024.
192 pp.

ISBN 978-65-5393-139-8

1. Dinheiro — Administração 2. Economia
3. Educação financeira 4. Finanças pessoais I. Título.

24-189902   CDD-332.6

Elaborado por Eliane de Freitas Leite, CRB 8/8415

Índice para catálogo sistemático:
1. Educação financeira: Economia 332.6

Todos os direitos reservados à:
Buzz Editora Ltda.
Av. Paulista, 726, Mezanino
CEP 01310-100, São Paulo, SP
[55 11] 4171 2317
www.buzzeditora.com.br

Aline Soaper

SEJA DONA DO SEU DINHEIRO

A vida não é só pagar boletos

Aos meus pais, Izabel e José Carlos, que me ensinaram desde cedo a ser responsável com meu dinheiro e buscar o meu espaço no mundo, empreendendo e crescendo. Meus exemplos de superação e de que é possível que qualquer pessoa cresça financeiramente desde que esteja disposta a pagar o preço para alcançá-la.

Aos meus filhos, Ana e Daniel, que são o motivo para que eu busque ser uma pessoa cada vez melhor e queira crescer mais para inspirar e dar melhores oportunidades para eles.

Ao meu marido, Silvaldo, que está ao meu lado em todos os momentos, desde que tínhamos dezessete e dezoito anos. Construímos juntos uma família, negócios e continuamos crescendo juntos.

Aos meus professores, líderes e mentores, todo esse conhecimento traz um pouco de cada mestre que passou pela minha vida.

Principalmente a Deus, que me chamou e me capacitou para levar esse conhecimento ao mundo. Toda honra e toda glória sempre será dEle e para Ele. Se hoje posso ensinar sobre como ter uma vida rica e uma relação saudável com o dinheiro, é porque Deus me colocou nesse lugar.

E por fim, dedico esse livro a todos os que contribuíram para o meu crescimento pessoal e profissional e os que a partir deste livro poderão viver um novo tempo de vida.

Aline Soaper

"Há muito dinheiro
no mundo,
e imprimem mais
a cada dia."

*A FANTÁSTICA FÁBRICA DE CHOCOLATE,
DIREÇÃO DE TIM BURTON, 2005.*

A VIDA QUE VOCÊ QUER
É POSSÍVEL
11

PRINCÍPIOS BÁSICOS
DA ORGANIZAÇÃO FINANCEIRA
15

O CONTRATO DE
MUDANÇA
17

PARTE 1
REGISTRAR
21

PARTE 2
ORGANIZAR
105

PARTE 3
PLANEJAR
153

A VIDA QUE VOCÊ QUER É POSSÍVEL

Embora todo mundo goste de acreditar que dinheiro é um tema denso, vou mostrar que a vida pode ser leve quando você se relaciona bem com ele. Isso acontece quando entendemos que o dinheiro pode nos servir, que a vida não precisa ser uma privação constante, repleta de cortes e planilhas. Que, a partir do momento em que você faz as pazes consigo mesma, a mágica acontece, porque, além de se conscientizar de tudo que está dentro do seu orçamento, você aprende a identificar quais são as suas reais necessidades.

Escrever este livro numa época em que as redes sociais pautam a vida das pessoas, produzindo desejos que parecem inacessíveis e tornando as coisas cada dia mais difíceis para um ser humano comum, foi um desafio que aceitei depois de ver tantas mulheres sofrendo.

O sofrimento era real: muito trabalho, uma pilha de boletos para pagar e uma culpa crescente por não conseguir passar mais tempo com os filhos, por não ser capaz de usufruir da vida nem ter direito a horas de descanso ou prazer. As exigências são cada vez maiores quando olhamos para a grama do vizinho. Ela sempre parece mais verde que a nossa. E nem nos damos conta de que aquela grama pode ser artificial.

Para facilitar o acesso ao assunto "finanças femininas", decidi que criaria um jeito simples de falar sobre isso. Assim, fiz uma analogia com uma casa. A casa onde vivemos pode ser organizada, com espaço para caber tudo, ou ser uma desordem total, com infiltrações, mofo, janelas e portas que não fecham ou paredes rachando.

Era visível para mim que muitas mulheres estão perdidas em diversas áreas de suas vidas, assim como eu já estive. Elas não sabem como fazer escolhas para encaixar suas necessidades no orçamento, da mesma maneira que às vezes não conseguimos colocar os móveis dentro da sala — e o resultado, nesse caso, é um ambiente todo espremido. Parece que não dá para circular ali, pois dá uma sensação de sufocamento.

Tem gente que se sente assim todos os dias: sem conseguir respirar, correndo atrás das contas, enfrentando uma vida de privações sem ver nada fluir.

Ansiedade, depressão, burnout. Tudo isso acaba fazendo parte do dia a dia das pessoas que não enxergam que uma vida financeira bagunçada afeta diretamente sua saúde mental.

Muitas de nós não conseguimos relaxar porque estamos sempre correndo atrás de boletos, tentando fazer as contas caberem em um orçamento apertado. É comum as mulheres não saberem se valorizar no trabalho, sofrerem enquanto fazem empréstimos e parcelam o cartão de crédito. Nós até mesmo deixamos de ter mais filhos por medo de não conseguir pagar pela educação deles.

Este livro é fruto de uma história de vida, da vida de alguém que já sentiu muita coisa na própria pele, mas que entendeu que não podia limitar seus sonhos por causa das finanças, nem correr riscos desnecessários porque não tinha dinheiro para conseguir mais do que tinha disponível.

Eu conheço a vida e a dor das mulheres que atendo diariamente. Elas não têm tempo; se habituaram a uma agenda tão corrida que não conseguem parar nem mesmo para dar um jeito na bagunça em que se meteram.

São mulheres que apagam incêndios o tempo todo porque não conseguem prever o que vai acontecer no mês seguinte. Que estão sempre cobrindo buracos, sofrendo com a fatura do cartão, sem enxergar para onde foi todo o dinheiro. Mulheres que trabalham muito e não usufruem do que ganham.

Mulheres exaustas sem tempo para preparar o jantar e acabam reféns dos aplicativos de comida. E que triplicam os gastos para aplacar a culpa de não estar consigo mesmas, de não estar com os filhos.

Essas mulheres enfrentam uma situação ruim o tempo todo porque vão fazendo arranjos em vez de consertos. Preferem olhar para qualquer coisa a encarar o que estão realmente fazendo com o dinheiro. Porque dói perceber que ele não está trazendo aquilo que elas tanto desejam.

Para essas mulheres vou mostrar que a vida financeira funciona como a sua casa.

Meu método é simples, e o dinheiro pode entrar na sua vida em abundância. Mas é preciso cuidar dele para isso.

Você pode curar sua vida financeira e trilhar um novo caminho. Sou apenas a facilitadora desta jornada.

A organização financeira já mudou a vida de milhares de mulheres que entenderam que não precisavam perder a saúde para iniciar uma fase bacana e duradoura.

Uma vida financeira organizada é como uma casa organizada. No começo pode parecer que a bagunça não tem fim, mas, fazendo um pouco por dia, sabendo quais são as prioridades, seu espaço se tornará cada vez mais agradável.

Há muitos anos tenho ajudado a organizar vidas financeiras, e com isso tenho presenciado mágicas acontecendo. Vidas que são transformadas. Pessoas que recuperam seus poderes e iniciam uma jornada sem volta para a realização de sonhos. Fazemos isso por meio de uma abordagem simples, com ferramentas que podem ser usadas no dia a dia.

Chega de ver o dinheiro indo pelo ralo. Se você sente que está sofrendo neste momento por causa da desorganização financeira, é hora de começar esta jornada. Uma jornada de reencontro consigo mesma. Uma jornada de prazer, que vai ajudá-la a encontrar um novo significado para a vida. Sem privações, sem medo de gastar com o que quer, sem lutar contra uma agenda cheia e sem precisar ser hiperprodutiva. Você vai voltar a ter brilho e cor.

A vida que você quer e merece está à sua espera.

Vamos juntas, eu te dou a chave. Mas só você pode abrir essa porta. Entre. A casa é sua.

PRINCÍPIOS BÁSICOS DA ORGANIZAÇÃO FINANCEIRA

Há muitas maneiras de usar este livro. Antes de começar, você pode dar uma folheada para observar tudinho. Fazendo isso, você verá que, em cada capítulo, há tarefas que podem ser realizadas com facilidade e sem perder o bom humor.

Minha sugestão é que, a partir de agora, você se comprometa a reservar alguns minutos do seu dia para se dedicar às tarefas aqui propostas.

Eu sei que às vezes resistimos àquilo que mais precisamos fazer. Acontece do mesmo jeito quando estamos com uma pilha de louça suja para lavar e não queremos nem chegar perto dela. Mas quer saber de uma coisa? Lembrar da sensação de ver a pia limpinha, o armário arrumado ou a casa limpa é o melhor estímulo que podemos ter para tomar iniciativas como essa.

Fazer a limpeza pesada é trabalhoso, mas, depois que ela é feita pela primeira vez, os ajustes passam a ficar mais fáceis. É disso que se trata a organização financeira: não é um paliativo para uma dor momentânea, mas a cura para uma vida toda.

Muitas pessoas gostariam de ser mais organizadas, mas acham que dar o primeiro passo (e manter o ritmo) é bastante difícil. O que acontece é justamente o contrário. A organização traz consigo a concretização de sonhos, tornando tudo mais fácil. Quantos desejos poderiam ser realizados se você não os adiasse o tempo todo enquanto está presa nas contas a pagar?

Já viajei depois de cortar os gastos com a manicure, comprei um carro depois de juntar dinheiro por alguns anos. Criei gavetas para os meus sonhos, e elas sempre estão cheias. De tempos em tempos, mais um sonho sai de lá para ser realizado.

No entanto, percebo que minhas alunas sentem certa frustração quando começam o processo de organização e se dão conta de que precisam renunciar a algumas coisas. Ao mesmo tempo, sentem raiva de si mesmas por enfrentar uma vida financeira com tantos altos e baixos, precisando lidar com a bagunça que elas mesmas acumularam durante anos.

Observo também que algumas delas sentem, em algum momento, o desejo de abandonar o processo e voltar à vida que levavam antes. Felizmente, quando ganham consciência da mudança que as espera, elas retornam. E param de sabotar a si mesmas.

Este livro é dividido em três partes:

→ Registrar.
→ Organizar.
→ Planejar.

Na parte 1, **Registrar**, você vai descobrir o que tem na sua "casa". Na segunda parte, **Organizar**, aprenderemos a colocar cada coisa em seu lugar. Por fim, na parte 3, **Planejar**, definiremos os seus próximos passos.

Nas páginas a seguir, você precisará assumir um compromisso consigo mesma. É você quem vai ler este livro e se propor a mudar de atitude; ninguém mais vai ler, nem saber sobre este assunto. Seja sensata e não minta para si mesma. Quanto mais você resistir ao processo de mudança, mais difícil ele se tornará. Abra-se para as descobertas e viva isso, afinal, você merece uma vida melhor. Você sabe que sim.

Tenho presenciado mulheres se tornando mais dinâmicas, potentes, flexíveis, amorosas e felizes depois de transformar sua relação com o dinheiro e com a própria vida.

É comum que voltem a sonhar depois de tirar a poeira dos móveis. A partir do momento em que percebem que nunca é tarde demais, passam a defender seus desejos com unhas e dentes, reconhecem e superam velhos hábitos enraizados e identificam os vilões que as perseguem.

Depois que se sentem livres, essas mulheres finalmente despertam para uma vida mais leve.

Elas param de pensar somente nos boletos e começam a viver.

O CONTRATO DE MUDANÇA

Neste livro, você fará anotações importantes ao longo do processo de construção da sua nova vida financeira, e acompanhar esses registros fará toda a diferença ao retraçar sua rota para os próximos anos. Comece assinando o compromisso a seguir, e volte a esta página toda vez que precisar de motivação para seguir em frente com sua organização financeira.

Eu, _____, assumo o compromisso de olhar com atenção para as minhas finanças pessoais e organizar minha vida. Quero viver com liberdade, sem privações, medo ou culpa.

Me comprometo a ler este livro e a me dedicar às tarefas que ele propuser, mesmo sabendo que isso pode trazer à tona algumas questões emocionais. Sei que vou enfrentar meus sabotadores pessoais, minha mania de achar que não mereço, que não consigo, e minha insistência em não me valorizar o suficiente.

É por isso que me comprometo a cuidar dessa parte de mim que vai tentar boicotar o processo de mudança. Porque eu sei que minha família tem o direito de me ver tranquila, livre do excesso de preocupação com as contas, sendo capaz de ter um tempo para viver a vida.

Eu mereço descansar no fim do dia, assistir a uma série sem culpa, fazer coisas para mim sem pensar que estou perdendo tempo. Me comprometo a avaliar a minha vida como um todo e a tomar decisões que vão mudá-la.

Eu me comprometo, enfim, a ser mais feliz. E vou deixar que a magia da organização faça parte dessa mudança.

DATA: _____

ASSINATURA: _____

"O dinheiro não traz felicidade — para quem não sabe o que fazer com ele."

MACHADO DE ASSIS

PARTE UM
REGISTRAR

1

ENTRANDO PELA PORTA DA FRENTE

A corrida dos boletos

Não existe sensação pior que a de olhar para um boleto que está vencendo.

A culpa não é dele, nós sabemos. Ele chega e fica ali escondido, esperando, e você sabe que um dia ele vai vencer, mas prefere não pensar nisso agora. De repente você se dá conta de que o tempo passou, o dinheiro que você esperava guardar não rolou e o calendário é implacável. O banco também.

Você sua frio para pagar. Dá um jeito de fazer as contas do mês fecharem, mas não consegue. E então se rende ao cheque especial. No mês seguinte, a situação fica ainda pior, pois há o agravante dessa dívida que você assumiu. O que fazer com o rombo? Você liga para sua mãe ou para outra pessoa próxima. Pede emprestado, o que é o mesmo que colocar um band-aid em uma ferida que está aberta e sangrando. Ele não estanca o sangue, muito menos dificulta que a infecção se alastre. Mas é assim que você se acostumou a viver.

Entrar em uma casa bagunçada causa uma sensação ruim. A louça suja na pia, as coisas fora do lugar. Diante de uma cena como essa, bate aquele desânimo: por onde começar a faxina? Como organizar tudo?

Com a vida financeira não é diferente, e muitas de nós já vimos ou estamos vendo nosso orçamento de pernas para o ar. Tivemos o pressentimento de que algo está prestes a acontecer, como a fumaça que antecede o fogo.

Sabe aquelas pessoas que, depois de mudarem de casa, mesmo passados meses, não tiram as coisas das caixas? Ninguém consegue encontrar nada, e, quanto mais o tempo passa, mais a dona da casa evita olhar para as caixas, com receio de tomar uma iniciativa.

Na vida financeira, você faz mais um cartão de crédito, consegue mais limite para gastar — e segue empurrando com a barriga. Assim como em uma casa desorganizada, nada parece estar no lugar, mas você vai levando. Promete que um dia vai parar e dar um jeito em tudo. Só que esse dia nunca chega e as coisas vão se amontoando, ficando cada vez piores.

As faturas dos cartões se acumulam... São itens lançados mês a mês que você nem sabe mais como foram parar ali. É a sua bagunça, aquela que você criou, mas você prefere não ver. E paga um preço alto por isso, com multas e juros.

Muitas de nós mantemos em ordem o espaço onde moramos, mas, no campo financeiro, temos uma casa bagunçada demais. Ficaríamos constrangidas de receber uma visita ali, mas, como só você sabe como é a sua "casa" na vida financeira, acaba protelando para resolver isso algum dia e vai deixando tudo de pernas para o ar.

Mas não precisa ser assim. Você pode sentir o cheiro da sua casa arrumada assim que chega da rua. Ter o prazer de deitar no sofá sem olhar para um monte de roupas espalhadas. Mas, para isso, você, precisa estar disposta a começar a arrumação.

No processo de organização de uma casa, é necessário definir os lugares certos para as coisas. Isso facilita tudo e torna a vida mais prática. Manter o espaço arrumado depois será questão de disciplina.

Tenho uma amiga que aos fins de semana nem entra na cozinha; não lava um prato. O cansaço é tão grande que ela vai deixando as roupas das crianças onde elas jogaram, os sapatos espalhados, e, quando pede pizza, não usa talheres: os guardanapos ficam espalhados pela sala, e ela sempre diz que mais tarde vai dar um jeitinho em tudo.

Quando chega a segunda-feira, ela tem um surto de ansiedade assim que acorda, porque sofre por viver em meio ao caos. A casa fora de ordem dá mais trabalho, mas há dez anos ela vive no limite, empurrando com a barriga a realidade de um espaço desorganizado.

Com a vida financeira das pessoas acontece a mesma coisa.

Sabe quando você abre a fatura do cartão de crédito e se pergunta "Mas como foi que eu gastei tudo isso?", ou quando tem medo de conferir os gastos?

Você se dá conta de que usou demais o aplicativo de comida e de transporte, que o gasto com a padaria ficou acima do normal e que comprou mais do que imaginava em alguns dias de chateação com o trabalho. Mesmo assim coloca a fatura de lado, pensa em outra coisa e deixa para resolver o problema no mês seguinte.

Estou dando vários exemplos aqui, mas o fato é que esses filmes todo mundo conhece: o da casa desorganizada e o das finanças caóticas. Com certeza você está se perguntando neste momento: "Quando ela vai falar a solução para tudo isso?".

Para colocarmos a casa em ordem e vencermos a corrida dos boletos, precisamos admitir que dá para fazer diferente sem precisar recorrer a uma varinha mágica para resolver nossos problemas. Mais do que tudo, precisamos aceitar que a desorganização nos atrapalha. Ou tem coisa pior do que ver a vida no vermelho?

Conheço uma pessoa que trabalha feito louca para dar conta do aluguel e do sustento dos três filhos. E sempre faz bicos aos fins de semana. Mesmo contando com o salário do marido, ela aperta de todos os lados e não encontra saída. Já fez empréstimos, entrou em frias e precisou de alguns chacoalhões bem dados para ver se muda de vida.

Quanto a você, se quer mesmo recuperar sua vida, já é hora de olhar para essa dor e entender o que está acontecendo. Pare de fingir que está tudo bem. Estamos só nós duas aqui, e sabemos a verdade: não está tudo bem.

Você chora escondido. Tem vontade de socar a parede de vez em quando. Se frustra, corre o tempo todo, sente culpa. Não entende como tudo se perdeu, não está vendo luz no fim do túnel. E eu te entendo: a pior dor de um ser humano é querer planejar tudo e perceber que não tem controle de nada.

Felizmente, na vida financeira, é possível se planejar e controlar! E é o que vamos fazer a partir de agora.

QUAL CASA VOCÊ É?

Ao longo da minha jornada como educadora financeira, identifiquei alguns perfis de mulheres que colocaram tudo a perder.

A primeira coisa que você precisa saber para descobrir qual é o seu perfil é: que tipo de "casa" é a sua vida financeira hoje?

Tente responder com coragem e transparência.

Para ajudar nessa resposta, fiz um quiz para você responder com a maior sinceridade e identificar onde está neste momento:

1. **Você acaba de mudar de casa. Você é do tipo que:**
   A) sabe exatamente o que tem dentro de cada caixa e já coloca tudo no devido lugar assim que chega à casa nova.
   B) etiqueta as caixas direitinho, mas quando chega à casa nova fica cheia de dúvidas sobre onde guardar tudo.
   C) nem pensou em etiquetar as caixas. Só junta tudo e coloca no caminhão o mais rápido que consegue.
   D) se desfaz da maior parte das coisas antes da mudança porque não quer ter o trabalho de arrumar tudo ao chegar na casa nova.

2. **Como você lida com o cartão de crédito?**
   A) Compro apenas o necessário e sei quanto posso gastar.
   B) Lido bem, mas nem olho para a fatura para não me assustar.
   C) Parcelo sempre que posso e dou um jeito de pagar depois.
   D) Cartão de crédito? Nem sei o que é isso. Perdi quando fiquei com o nome sujo.

3. **Se sua vida financeira fosse um filme, qual seria o título?**
   A) *Ordem e progresso.*
   B) *Vida de equilibrista.*
   C) *No limite.*
   D) *As loucuras de uma mulher sem limites.*

4. **Como é seu fim de mês?**
   A) Tudo em ordem para o próximo mês.
   B) Pensando no que vou cortar no mês seguinte.
   C) Angustiante, sem dinheiro para nada.
   D) Uma loucura. Fico a ponto de explodir.

5. **Você tem consciência de tudo que gasta?**
   A) Claro. Anoto tudo que entra e sai.
   B) Da maioria dos gastos, sim.
   C) Não faço ideia e morro de medo de anotar.
   D) Enquanto tem limite no cartão, vou gastando. Me apavora saber quanto gastei no total.

6. **Você tem planos definidos para o futuro?**
   A) Tenho planos bem definidos e renovo meu compromisso com eles todos os dias.
   B) Planos? Se eu terminar o mês, estou no lucro.
   C) Espero um dia ter, mas enquanto isso vou levando como posso.
   D) O plano é não ter um oficial de justiça na minha porta cobrando.

7. **Se a sua vida financeira fosse uma casa, como seria?**
   A) Uma casa bem-organizada e limpa.
   B) Uma casa com as coisas fora do lugar, mas que dá para manter.
   C) Uma casa de pernas para o ar.
   D) Uma casa que precisa de reparos urgentes.

Agora, vamos saber qual foi o seu resultado. Considerando as respostas que marcou, você vai somar:

→ 5 pontos para cada letra A.
→ 3 pontos para cada letra B.
→ 1 ponto para cada letra C.
→ 0 para a letra D.

Que tipo de casa é sua vida financeira hoje?

De 29 a 35 pontos: CASA ORGANIZADA

Parabéns! Você está no caminho certo para ter uma vida financeira mais próspera e tranquila.

Aproveite para refletir se realmente a sua casa financeira está organizada e em que pontos ela pode melhorar. As roupas estão guardadas? As gavetas estão com tudo dentro e ainda tem espaço sobrando?

Para ter uma casa financeira organizada, você precisa ter controle das despesas, das receitas, saber para onde vai o seu dinheiro, pagar as contas em dia, contar com uma reserva de segurança e ter dinheiro para o lazer, sem deixar de investir.

Claro que para manter essa organização precisamos sempre rever nossas escolhas e otimizar os espaços a fim de dar lugar a novos móveis, novas possibilidades. Mas você está no caminho certo. Continue a leitura do livro com o foco de tornar a sua vida financeira ainda melhor.

Parece impossível ter uma casa assim? Vou te mostrar que não é.

De 21 a 28 pontos: CASA LARGADA

As coisas estão no lugar, mas não organizadas. O tempo passou, você não deu muita atenção e o guarda-roupa acabou ficando com tudo embolado. Você nem sabe onde estão as coisas. Nunca mais achou aquela sua camiseta preta. E corre o risco de sair de casa com dois pés de meias diferentes.

Você não está dando à sua casa o cuidado que ela merece. Provavelmente está acumulando coisas, e com isso perde oportunidades de usar melhor o seu dinheiro e de ter uma vida mais próspera hoje e no futuro.

Talvez você tenha alguma noção de como andam as coisas, mas no geral elas estão bagunçadas e você não sabe como resolver isso. É provável que se lembre das grandes despesas, mas você evita olhar a fatura do cartão, com medo do que vai encontrar.

Se é esse o seu caso, continue a leitura do livro e faça os ajustes necessários para tornar a sua casa um espaço melhor para morar.

De 7 a 20 pontos: CASA EM PERIGO

A sua casa está correndo risco.

Pode até parecer que as coisas estão no lugar, mas elas não cabem no armário. Você mistura tudo, está guardando meias na gaveta das calcinhas e daí por diante.

Você dá aquela empurradinha para ver se consegue fazer caber tudo, mas, quando vai ver, está tudo espremido porque não há espaço suficiente. O próximo passo é começar a esconder caixas de sapatos e brinquedos embaixo da cama.

Na vida financeira, quem vive essa situação é aquela pessoa que parece conseguir fazer tudo caber no orçamento, mas é pura ilusão. No fundo ela está sempre dando um jeitinho. Ela puxa daqui, espreme dali e descobre um santo para cobrir outro, sabe?

O grande perigo é que, com acesso fácil ao crédito, as parcelas vão se acumulando, e a falsa sensação de ter tudo sob controle enquanto acumula dívidas pode fazer sua casa desmoronar. Você atrasa o pagamento de uma conta, faz um novo empréstimo consignado, paga o mínimo do cartão e sempre tem a sensação de que não vai dar para sair da situação.

Se é assim que você vive, com certeza está acumulando dívidas, tem ansiedade e seu nível de estresse está alto. A desorganização e a falsa impressão de estar dando conta de tudo podem custar muito caro para você. Além de comprometer a saúde financeira da sua casa, isso tudo vai custar muito tempo da sua vida.

Continue a leitura do livro e coloque em prática o que aprender.

De 0 a 6 pontos: RISCO SÉRIO DE DESABAMENTO

Imagine que você mudou de casa e não colocou etiquetas nas caixas, por isso não sabe o que tem dentro de cada uma delas. Você olha para tudo aquilo e tem vontade de fugir. Nem sabe por onde começar a desempacotar as coisas.

As caixas ficam ali, e você estremece dos pés à cabeça sempre que olha para elas.

Nas finanças isso é mais comum do que você imagina. Quem mora em uma casa assim não tem a menor noção do perigo que está rondando. Cheque especial, cartão de crédito, empréstimos...

Você olha ao redor e vê todas as caixas esperando por uma atitude, mas não sabe para onde elas devem ir. Não sabe o que vai para a cozinha, nem para o banheiro. Gasta sem saber o motivo e, quando chega o fim do mês, não se lembra de onde foi parar o dinheiro.

Se você se identificou com essa casa, é hora de mudar! A bagunça gera ansiedade, estresse e só piora com o tempo. Além dos problemas financeiros, é bem provável que você já esteja sofrendo também com problemas de saúde e nos relacionamentos.

Sua vida financeira está a um passo de desabar. Se você ainda não está com o nome negativado, é por sorte ou proteção divina, mas é melhor não contar com isso. Você deve estar sobrecarregada de trabalho e muito provavelmente está sofrendo com problemas de saúde física ou mental.

Você não vai conseguir se manter por muito tempo nessa situação. Precisa tomar uma decisão urgente e começar a cuidar da sua casa. Continue a leitura do livro e não ignore os riscos. Comece a colocar tudo em prática hoje mesmo. Tendo controle sobre a sua "casa", você ficará mais tranquila para fazer escolhas inteligentes e terá muito mais paz na vida.

A sua casa

Casa organizada, largada, em perigo ou desabando? Com toda a sinceridade possível, observe esses quatro perfis e responda como a sua vida parece agora. Não entre em conflito com isso. É importante entender e ficar em paz com a sua situação atual, porque a aceitação, neste momento, faz parte do processo. Ter essa clareza é importante para saber qual caminho você precisa seguir.

Você já começou a percorrer este novo caminho, e nós entramos na sua casa. Agora é hora de olhar para o que tem dentro dela.

Vamos lá?

UMA HERANÇA EM HOT WHEELS

Só para você não achar que sou perfeita e que nasci sabendo tudo sobre finanças pessoais, vou contar um pouco sobre mim e explicar como foi que, ao longo do tempo, fui aprendendo a lidar com o dinheiro. Aos poucos, nesta nossa jornada, vou trazer situações da minha vida que vão mostrar como foi meu processo de amadurecimento.

Quero começar revelando uma vulnerabilidade minha, que pode ser a sua também: os filhos.

Sempre me achei organizada financeiramente. Nunca fui consumista e sempre gostei de economizar. Porém, quando meus filhos nasceram, simplesmente me dei uma "licença" para comprar coisas para eles com critérios diferentes dos que eu tinha para mim. É o tipo de coisa que só percebemos quando paramos para analisar friamente nossas ações.

Será que fiz as melhores escolhas? Escute esta história e depois você mesma vai responder.

Toda mãe conhece um brinquedo chamado Hot Wheels. Se você tem meninos, sabe como eles adoram os carrinhos. É comum eles serem obcecados pelos Hot Wheels, e também as mães fazerem de tudo para comprar mais um — para completar a coleção.

Eu era o tipo de mãe que tentava compensar as ausências em casa comprando brinquedos. Imagine quantos carrinhos eu comprei tentando diminuir a culpa por trabalhar demais... Cada ida ao shopping era um carrinho novo. Cada passada na loja de conveniência, mais um carrinho, já esperando pela felicidade no rosto dele por ver um novo modelo chegar.

Pois bem: hoje meu filho tem dezessete anos e, claro, não brinca com carrinhos há mais de dez. E aquela coleção imensa ficou ali. Você já parou para pensar no quanto gastamos com esses brinquedos?

Confesso que, sempre que olho para a mala de carrinhos, que guardo até hoje, faço um cálculo mental. Brinquedos que foram motivo de alegria e prazer uma ou duas vezes para o meu filho agora são apenas objetos acumulados, porque temos pena de nos desfazer deles.

Sei que parece cruel falar que não foi um bom dinheiro investido, afinal meu filho adorava aqueles carrinhos. O fato é que eu não tinha consciência de que existem formas mais inteligentes de investir dinheiro, fosse para mim mesma ou para ele. Eu poderia muito bem presenteá-lo de vez em quando, mas sem exageros, sem tentar suprir a "necessidade" dele — que eu criei — de ter todos os itens da coleção.

Um dia, organizando minha "casa" física e minha "casa" financeira, acabei por me questionar: se eu tivesse comprado menos carrinhos e, com o dinheiro poupado, tivesse comprado ações de empresas para ele, investido na bolsa de valores, qual seria o patrimônio que o meu filho teria acumulado? Com certeza hoje ele estaria mais feliz com isso do que com uma mala gigante de carrinhos.

Fiz uma simulação para você ter uma noção do que estamos falando. Ao longo de oito anos, gastei cerca de 200 reais por mês com esses "presentinhos", que nem eram computados em nosso orçamento, por serem considerados brinquedos baratos. Não estou computando os brinquedos mais caros que comprávamos em datas especiais, como aniversário, Natal, Dia das Crianças. Estou falando só do dia a dia, dos presentinhos de custo baixo.

E a **herança em Hot Wheels** é mais comum do que você imagina. Todas as casas carregam uma bagagem assim. Bonecas, ursos de pelúcia, lembrancinhas. Gastos que parecem invisíveis, mas, quando contabilizados friamente, parece que engoliram nosso orçamento.

Não estou dizendo que não podemos presentear nossos filhos. O que questiono é a forma como fazemos isso, sem pensar na maneira como estamos gastando o nosso dinheiro e não nos darmos conta de que tudo isso tem uma consequência depois.

Muitas pessoas, no processo de registrar o que têm em casa, assim como eu, começam a se dar conta do tamanho do rombo na parede ou do ralo por onde escoa toda a água.

Na hora de analisar o dinheiro que sai, o espanto é tão grande que muitas mulheres se dão conta de que poderiam ter conquistado o que queriam se não tivessem feito compras puramente emocionais — como as que eu fazia para os meus filhos.

É como um salvo-conduto que recebemos para gastar nosso dinheiro sem avaliar muito as consequências. E muitas dessas atitudes começam assim:

→ Meu filho merece; eu parcelo e nem vou sentir.

→ Trabalhei tanto esta semana... Eu mereço essa bolsa.

→ Amo tanto essa pessoa! Preciso comprar um presente para ela.

→ Minha amiga me chamou para sair, não posso deixá-la sozinha. Vou usar o limite do cartão de novo.

→ É só um presentinho, nem vai fazer diferença no final do mês.

O problema é que as pequenas "exceções" do dia a dia acabam comendo nossos sonhos. E o que eu quero que você entenda é que não é necessário parar de fazer as coisas de que gosta, mas você deve agir com inteligência.

A desorganização financeira não atinge apenas o seu bolso!

O jeito desorganizado de levar o orçamento acaba refletindo em todas as áreas da nossa vida. Você gasta mais, trabalha mais para compensar, não tem tempo de cozinhar, consome mais comida pronta, perde a hora dos exercícios. Perde a mão em quase tudo. Você vive correndo para dar conta dessa roda-viva.

É como uma sala com o ar-condicionado ligado e a janela aberta. O ambiente nunca refresca e você não sabe o motivo.

Nas finanças, é preciso entender que a janela aberta é o limite que você não estabelece. E é fundamental colocar um teto nos gastos, por mais que a carinha encantadora do seu filho peça aquele presentinho e faça seu coração arder de culpa sempre que você não compra uma coisa que todos os amigos dele têm.

Uma mãe que age como eu agia quando ainda não tinha esse conhecimento acaba deixando uma herança de Hot Wheels, ou seja: o dinheiro vai todo para o ralo.

Agora que você conheceu essa história e viu o quanto eu poderia ter investido para ele, acha que fiz uma boa escolha? O que você acredita que eu poderia ter feito diferente?

A questão é que você não tem consciência do que sai pelo ralo. Essa quantia nem é contabilizada.

Depois de registrarmos nossas despesas reais, precisamos fechar as janelas, a torneira e organizar o que está sendo gasto em cada setor. Registrar tudo pode ser um grande desafio, principalmente porque você vai se chocar com os valores que gasta com a manicure, com o aplicativo de comida, e de repente pode se dar conta que, em um ano, "comeu" um carro. Cada parcela mensal que você pagaria nem chegaria perto do que você deixa escoar pelo ralo quando pede comida pelo aplicativo sem prestar atenção.

Quando atendo clientes que não têm coragem de abrir a fatura do cartão, já sei que dali vem bomba. E isso é tão comum na vida de mulheres casadas quanto de solteiras.

Tive uma cliente executiva com uma boa renda mensal, sem filhos, que achava que o dinheiro devia sobrar na conta, mas não via a cor dele. "Eu não gasto com quase nada", ela repetia.

Então, abrimos a fatura do cartão, e veio a surpresa: ela era campeã em comprar presentes para os amigos. Presentes de 2 mil reais para uma amiga, de quinhentos reais para uma sobrinha. E alguns gastos recorrentes acendiam o alerta vermelho.

— Por que você compra tanto presente para a sua sobrinha? — perguntei enquanto olhávamos as últimas faturas.

Ela respondeu que sempre que viajava acabava vendo alguma coisa de que sabia que a menina ia gostar.

Fiz alguns cálculos e lancei:

— Sabia que daqui a 25 anos sua sobrinha poderia ter até 1 milhão de reais se você investisse esses quinhentos reais em vez de gastar com presentes?

Ela arregalou os olhos.

E a verdade é uma só: o ar que sai pela janela vira coisas palpáveis quando você registra tudo com que gastou. Depois dessa simulação que fizemos, acabaram-se os presentes para a sobrinha —

porque a minha cliente entendeu que seria muito mais útil investir o dinheiro para a menina poder usar no futuro.

Será que a sobrinha vai ficar mais feliz com o investimento ou com um monte de brinquedos repetidos?

Olhando para a sua vida, será mesmo que você não deixa escoar pelo ralo quinhentos reais por mês? Quanto você poderia ter acumulado em vinte, trinta, quarenta anos investindo bem esse dinheiro?

Voltando à herança em carrinhos, hoje penso no meu filho cheio de dinheiro se eu tivesse comprado ações. Como não fiz isso quando ele era pequeno, não adianta chorar o leite derramado sem partir para a mudança. Quando ele estava com quinze anos, eu o ensinei a investir a mesada e os presentes em dinheiro que ele ganha dos avós ou outros parentes de vez em quando. Depois que aprendeu a investir, ele parou de querer gastar tudo com jogos de videogame.

Se tiver filhos pequenos, você pode, portanto, trocar os presentes em excesso por gastos conscientes para investir uma parte para o futuro, ou, se tiver filhos já crescidos, sua decisão agora será mudar de vida para ensinar um caminho melhor a eles. O fato é que sempre existe um jeito de melhorar.

Isso vale também para a mulher que sempre paga a conta do restaurante para agradar as pessoas. No fundo ela tem necessidade de agradar e está apenas prejudicando a si mesma, preenchendo um vazio emocional e criando outro vazio em sua vida financeira.

Se você contabilizar os lanches ou a comida japonesa dos fins de semana, o café da manhã na padaria, perceberá que poderia ter realizado vários sonhos com o dinheiro que deixou escapar pela janela.

Não estou dizendo que você deve parar de sair para jantar, ou cortar o café, para enriquecer. O que eu quero mostrar é que tudo isso precisa ser feito de maneira consciente, planejada, considerando as suas metas.

E disso eu entendo, porque sonhava desde cedo em ter um carro aos dezoito anos. Eu sabia que meu pai não ia comprar um carro para mim. Se eu realmente quisesse o carro, precisava criar recursos para isso. Por isso, aprendi a fazer a unha.

Mas, Aline, o que uma coisa tem a ver com a outra?

Explico: enquanto minhas amigas gastavam com maquiagem e manicure, eu fazia minha própria unha desde cedo, e com isso economizava um bom dinheiro por semana. Eu buscava formas de não precisar renunciar às coisas que eram importantes para mim, e isso de uma maneira que me permitisse gastar o menos possível, pois queria que sobrasse dinheiro para realizar meus objetivos.

Quando era adolescente, eu queria roupas novas? Sim. Só que, para economizar, eu comprava tecidos e levava na casa da minha tia, que era costureira, e pedia para ela fazer minhas roupas. Assim eu conseguia guardar dinheiro todos os meses para realizar meu sonho de comprar um carro.

Mas, sendo adolescente, de onde vinha o dinheiro que eu economizava?

Aprendi desde muito cedo a fazer brigadeiro, cartões de papel vegetal, pulseiras. Aprendi até mesmo a confeccionar biquínis e camisetas para vender.

Tudo o que eu podia fazer para ganhar dinheiro eu fazia. Com dezesseis anos, arranjei um emprego de secretária em um consultório odontológico. Eu fazia um pouco de tudo, e, conforme fui mostrando ao meu pai que queria ser aquela pessoa que guarda dinheiro e chega aonde quer, ele me apoiou. Eu estava trabalhando no consultório, ganhava um salário-mínimo por mês e sabia que, se quisesse realmente comprar um carro com dezoito anos, precisaria de mais dinheiro.

Conversei com meu pai e expliquei que precisava ganhar mais. Em vez de me dar dinheiro, ele, que também é empreendedor, me levou a uma feira de negócios. Meu pai foi meu primeiro investidor: comprou uma máquina de fazer carimbos para eu começar minha primeira empresa.

Precisei me esforçar muito para aprender a usar a máquina, comprei o material e fiz a primeira remessa. Com minha experiência anterior na venda de brigadeiros, eu já sabia que precisava reinvestir o dinheiro em materiais, e que eu tinha que encontrar revendedores e pontos para comercializar os carimbos e aumentar meu faturamento. Então fui atrás de pessoas para revender meus produtos em troca de comissão.

Assim comecei a minha primeira empresa, aos dezessete anos, uma verdadeira fábrica de carimbos. Aos dezoito comprei meu próprio carro sem precisar financiar. Não era zero quilômetro, aliás era bem usado, mas foi a conquista de um grande sonho. Principalmente para alguém tão jovem.

Contei isso para que você entenda o que estou falando sobre a materialização dos esforços de gerar dinheiro e de economizar em uma fase da vida em que a maioria das pessoas está preocupada só em gastar e se divertir. Quando você materializa um sonho, economizar começa a ficar legal. Seja para comprar um carro, seja para fazer uma viagem ou para qualquer outra coisa que você queira muito conquistar.

Hoje sou cautelosa com os gastos e sei exatamente o que ganho e o que vou fazer com meu dinheiro, mas tudo começou com o registro de tudo. Eu precisava saber exatamente o que tinha "dentro da minha casa".

O início da organização financeira é aquela fase da dieta em que sofremos bastante. Mas depois entendemos o que podemos e o que não podemos fazer.

Quando eu estava começando a gravar meus vídeos, por exemplo, não podia investir em roupas novas porque todo o dinheiro ia para os cursos e para os investimentos no mercado digital. O problema é que eu não podia aparecer nos vídeos sempre com as mesmas roupas. Então, eu ia para a casa da minha mãe e pegava peças dela emprestadas. E sempre digo isso para as minhas alunas: trocar peças de roupas pode ser uma boa saída para quem quer investir na carreira e não quer ou não pode gastar com o figurino no momento.

A vida nem sempre precisa ser uma privação. Você pode e deve gastar, mas existem momentos em que precisa de um controle maior. Se você abriu demais a janela, tem que redobrar o cuidado na organização para as coisas não voarem para fora.

À medida que formos evoluindo no livro, você vai entender que isso vai deixar de ser um problema e as metas começarão a se tornar coisas gostosas de serem vividas. Pode comer uma pizza? Claro que pode. Mas entenda que, em vez de gastar quinhentos reais com o jantar, você pode usar esse dinheiro para investir na conquista do seu sonho.

Quando você se organiza, as coisas ficam mais leves

Aquela cliente que dava presentes para todo mundo ao voltar das viagens parou de trazer suvenires, e não sofre por isso.

Se você acha que, depois de registrar tudo, vai dar um jeito de gastar com o que sobrar, pode parar por aí! O dinheiro vai ter um nome. Ele não vai sobrar na sua conta. Ele vai para a sua gavetinha do carro novo ou para a da sua reserva de segurança. Isso vai te dar satisfação.

Você vai perceber que investir vicia, igual comprar. Nada vai ficar parado. Por exemplo, aquela viagem para Paris que você sempre sonhou fazer: você vai passar a colocar tudo na gaveta da viagem. Começar a registrar o que tem na casa é divertido quando você entende que depois virá a recompensa pela organização e pelo planejamento.

Vamos começar a pensar em como esvaziar algumas gavetas para sobrar espaço para o novo?

Pense nos momentos em que você abre a geladeira e analisa o que deve ser jogado fora, senão vai apodrecer ali dentro. Tem coisas que estão drenando sua energia e consumindo o seu dinheiro, não cabem mais onde estão. É hora de olhar para isso e aceitar que essas situações não têm mais espaço na sua vida.

Lendo as histórias que já contei sobre a minha vida, as histórias das clientes, e entendendo como as mudanças foram importantes para a magia acontecer, você se identificou com alguma delas? Percebeu se existem coisas na sua "casa" de que precisa se desfazer?

Se você já tem ideia do que está drenando a sua vida financeira, anote no seu caderno.

O CADERNO MÁGICO

Chegou a hora de partir para a ação.

E a partir de agora você vai usar o seu caderno.

Por que, em um primeiro momento, não usar uma planilha Excel? Porque o caderno tem uma função terapêutica. Escrever nele faz mais efeito do que digitar dados em uma planilha. Originalmente somos da escrita, não nascemos no digital. E escrever vai fazer seu cérebro registrar de verdade aquilo tudo e ajudar você a refletir sobre suas escolhas de gastos.

Você vai pegar cada gasto e anotar. Desde o remédio para dor de cabeça de quatro reais que comprou ontem até a gasolina, a pipoca na porta da escola, a bala no farol, até o aluguel e a mensalidade da escola dos filhos.

Anotar é registrar, e fazendo esse diário (e depois lendo as anotações) você vai aprender a pensar melhor antes mesmo de fazer uma compra.

Depois de registrar tudo, respire fundo e inicie uma rotina de reler suas anotações. Pode ser que você tenha anotado mais coisas do que esperava, e isso é normal. Não se assuste; é hora de ver o que sai e o que fica nessa casa.

Qual a melhor forma de anotar os gastos?

Precisamos ter clareza de quanto gastamos, por isso é essencial que você anote suas despesas nos próximos trinta dias. Registre tudo o que gasta, para saber o que existe nessa casa de verdade.

Calma, você não vai precisar passar a vida inteira anotando despesas, mas imagine o seguinte: quem está com problema de pressão alta tem que aferir a pressão todos os dias? Sim. E quem está saudável, sem problemas de saúde, precisa medir a pressão diariamente? Não. Essa pessoa faz checkup de tempos em tempos.

É exatamente assim que funciona com as finanças.

Se a sua vida está descontrolada, precisamos entrar com uma ação de guerra, isto é, anotar todos os dias. O bom é que trinta dias passam rápido.

Fazendo isso, você vai ter um raio X da sua vida financeira e saber para onde vai o seu dinheiro.

Muitos empreendedores não sabem nem mesmo quanto recebem, porque o dinheiro entra e sai logo em seguida para o pagamento de contas. Como se organizar e planejar vivendo desse jeito?

Se você é empreendedor, além da sua lista de despesas pessoais, anote em um caderno separado as despesas do seu trabalho. Anote tudo o que você recebe também. Recebeu, registre.

O efeito colateral do bem é que você começa a entender quanto está gastando e passa a ter consciência dos seus gastos. No terceiro dia você gasta menos só porque tem que anotar.

Já vi muitos clientes que começaram a fazer esse exercício de registrar as despesas e só nessa atitude já começaram a ver o resultado. Uma cliente em especial percebeu na primeira semana que gastava diariamente comprando chocolate. Ela se assustou com o valor e logo parou de comprar. Conseguiu economizar 200 reais parando com o chocolate, e além disso emagreceu. Foi um duplo benefício para ela.

Você acha que ela não sabia que comprava chocolate? Claro que sabia. Mas, como eram compras feitas no automático, ela não pensava antes de tomar essa decisão e não conseguia mensurar o valor total, já que gastava um valor pequeno todos os dias.

Anotar o que gasta é importante para criar consciência. E ter um caderno traz consciência porque o seu cérebro registra o que você está fazendo.

É diferente de colocar as despesas em um aplicativo, que simplesmente puxa algumas informações do seu banco, impedindo que você reflita sobre os gastos.

Nesses trinta dias você vai analisar o raio X da sua vida financeira fazendo um acompanhamento semanal, e isso lhe permitirá chegar a um diagnóstico. Se você começar hoje, daqui a uma semana pegue seu caderno e olhe as anotações. Entenda quais gastos são realmente importantes e o que poderia ser deixado para depois. Essa análise gera consciência para que na próxima semana você faça diferente.

Atenção: a análise desses gastos precisa ser feita a cada semana, porque esse é o tempo necessário para fazer as adaptações na semana seguinte. Se você esperar trinta dias para analisar seus gastos, não vai ter como voltar e resolver. O objetivo da análise semanal é permitir que você crie estratégias para melhorar suas finanças no mesmo mês, e assim você já vai ter dinheiro para investir nos seus objetivos desde o primeiro mês.

Quando você (ou sua faxineira) limpa a casa só uma vez por mês, em que estado fica o banheiro ou a cozinha? É terrível limpar. Por isso, quando você mantém uma organização diária e uma faxina semanal, as coisas se tornam muito melhores, porque você perde menos tempo e melhora o seu resultado.

Comece o desafio hoje. Coloque na sua agenda o compromisso "Faxina financeira da semana" e depois de trinta dias veja o resultado do que você estava fazendo e das mudanças que já implementou.

Tenha sempre em mente seu objetivo, que é identificar para onde está indo o seu dinheiro e tomar decisões mais conscientes sobre o que fazer com ele. É simples, mas não é fácil.

Tudo que construímos na nossa vida começa com um passo a passo. E o primeiro passo é identificar o que você está fazendo.

ARRUMANDO A CASA: A HORA DA FAXINA FINANCEIRA!

Tenho certeza de que, se você chegou até aqui, é porque decidiu colocar ordem na casa. E agora é hora de revisitar o que existe na sua vida e rever as suas ações. Você vai entender o que é o ideal, o que é o real e o que é possível neste momento. A partir daí, vamos ajustar sua rota.

No início as coisas vão ficar um pouco fora do lugar, mas em pouco tempo você vai ver que tudo ficará guardado na sua respectiva gaveta. Saber que tem as coisas sob controle vai te trazer conforto.

A maioria das pessoas sabe fazer uma boa faxina em casa. Outras têm o costume de esconder o lixo embaixo do tapete. Espero que você decida fazer parte do primeiro grupo. Já pegue o material, porque vamos começar a limpeza!

Comece pelo lugar mais fácil. Dentro de casa!

Essa é a primeira etapa da faxina: tirar as coisas que estão acumuladas, identificar o que é lixo, o que é necessário e depois organizar cada coisa em seu lugar.

Teremos espaço para muita coisa por aqui:

→ **Receitas:** todo dinheiro que você recebe, como o salário, alguma renda extra ou até mesmo valores que entrem como ajuda dada por outra pessoa.

→ **Investimentos:** registre tudo o que você tem investido ou guardado.

→ **Despesas fixas:** todos os gastos mensais que não mudam de valor com frequência, como aluguel, mensalidade escolar e plano de internet e TV.

→ **Despesas variáveis:** gastos que sempre estão presentes, mas não têm valor fixo, como energia, água, mercado, transporte.

Dentro de casa temos as contas do dia a dia, que já sabemos que chegam. Enfim, vamos pegar nosso caderninho e anotar absolutamente tudo que faz parte do dia a dia.

Para se ajudar nessa faxina, você vai precisar mapear todas as contas de casa. Geralmente, elas estão espalhadas na fatura do cartão de crédito, em boletos, no extrato da conta corrente. Você precisa rastrear todas essas contas e começar a registrá-las.

Anote tudo. A conta da TV por assinatura, o aluguel da casa, água, luz, condomínio.

Registrando despesas é possível descobrir quais são seus maiores desafios para guardar dinheiro. Por mais que esses gastos estejam sempre presentes, é quando você faz a soma deles que tem noção de quanto é preciso economizar para dar conta de tudo (ou quanto você precisa faturar para cumprir todas essas obrigações).

Dando sequência à organização, vamos separar um armário com as seguintes gavetas:

Moradia (anote todos os gastos que você tem para manter sua casa):
→ Aluguel/prestação da casa.
→ Condomínio.
→ IPTU.
→ Energia elétrica.
→ Água.
→ Internet.
→ TV por assinatura.
→ Gás.
→ Funcionária.
→ Despesas com pets.
→ Outros.

Transporte:
→ Financiamento do carro.
→ IPVA.
→ Seguro.
→ Manutenção.
→ Multas.

→ Combustível.

→ Estacionamento.

→ Transporte por aplicativo.

→ Transporte público.

Alimentação:

→ Supermercado.

→ Padaria.

→ Feira.

→ Açougue.

→ Comida congelada.

→ Outros.

Saúde:

→ Convênio médico.

→ Remédios.

→ Terapias.

→ Consultas particulares.

Educação:

→ Escola/faculdade.

→ Cursos.

→ Material escolar.

→ Festas e passeios.

Cuidados pessoais:

→ Salão de beleza.

→ Tratamento estético.

→ Academia.

→ Clube.

→ Roupas.

→ Sapatos.

→ Acessórios.

→ Maquiagem, perfumes e outros produtos.

Lazer:
→ Restaurantes.
→ Cafés.
→ Cinema.
→ Comida por aplicativo.
→ Viagens.
→ Outros.

Doações:
→ Doações fixas e eventuais.

Reserva de segurança:
→ Parcela mensal para reserva de segurança.

Sonhos de curto prazo:
→ Sonho de curto prazo 1.
→ Sonho de curto prazo 2.
→ Sonho de curto prazo 3.

Sonhos de longo prazo:
→ Sonho de longo prazo 1.
→ Sonho de longo prazo 2.
→ Sonho de longo prazo 3.

A FAXINA, A CAIXA DO DESAPEGO E A CAIXA DA RENEGOCIAÇÃO

A faxina começou, e agora você começa a analisar o que tem. Tudo está dentro da gaveta adequada?

Gaveta da moradia

Você realmente está usando tudo o que paga de moradia?

Pode ser que você identifique gastos desnecessários de que nem se lembrava, por exemplo, para que pagar TV por assinatura se não assiste à televisão? Já coloque na **caixa do desapego**.

Se você paga internet, TV por assinatura (e assiste), bem como outras taxas fixas, anote na **caixa da renegociação**. É possível conseguir uma boa economia renegociando os contratos com as operadoras.

Viu como anotar lhe deu uma nova perspectiva de tudo? Você pode melhorar muito sua vida financeira só fazendo esses ajustes.

Pequenas mudanças nos gastos fazem muita diferença no longo prazo.

Mas você não vai parar por aqui. A faxina continua!

Quando faço faxina financeira com meus clientes, reduzo muitas coisas. Vamos imaginar que você consiga reduzir 250 reais nas despesas de habitação (esse tipo de despesa reflete no longo prazo). Então, multiplique por doze para saber quanto aquele valor resultaria em um ano, já que os valores relacionados à casa têm a ver com o seu dia a dia.

Uma economia de 250 reais mensais resulta em 3 mil reais a menos por ano.

Imagine o que você faria se conseguisse 3 mil reais a mais no final do ano sem precisar mudar quase nada na sua vida hoje.

A primeira vez que fiz essa faxina financeira na minha própria vida, em 2015, reduzi seiscentos reais só de habitação. E isso equivale a 7.200 reais num ano. Imagine que com esse valor daria para fazer tranquilamente uma viagem de família por uma semana ou até mais, dependendo do tipo de viagem que você escolher!

Feche os olhos e imagine como é ter o controle das finanças nas suas mãos.

Bora que a faxina continua!

Repita esse processo em todas as outras gavetas, procurando o que você pode colocar na **caixa do desapego** (para se livrar mesmo) e o que vai para a **caixa da renegociação**.

Depois que você tiver feito a análise das gavetas e dos itens de gastos fixos do mês, vamos cuidar de outra gaveta, um pouco mais delicada de mexer.

Gaveta do lazer

Muito cuidado! Você vai ouvir muitos educadores financeiros dizendo que precisa cortar gastos com lazer para enriquecer. Mas isso não é 100% verdade. Os momentos de lazer são essenciais para a vida. Até mesmo aquele streaming de filmes e séries que as pessoas julgam ser perda de tempo tem uma função muito importante no nosso bem-estar.

Nossa mente não foi projetada apenas para trabalhar e fazer dinheiro. Ela precisa de descanso, descontração, prazer. Mas isso não é uma licença para você torrar todo o dinheiro viajando. É preciso identificar quanto cabe hoje no seu orçamento para você gastar com lazer.

O que está incluído no lazer?

Restaurante, festa, balada, happy hour, comida por aplicativo. Algumas pessoas colocam a TV por assinatura nessa gaveta.

Na hora da faxina é comum as pessoas se surpreenderem com a soma, porque os gastos individuais são pequenos. De 50 em 50 reais, você vai gastando e nem percebe. Somente depois de registrar tudo que você consegue dimensionar o tamanho do gasto.

Uma das minhas alunas achava que quase não gastava com lazer. Quando fez a faxina financeira e passou a conferir a fatura do cartão, descobriu que gastava 12 mil reais por ano em comida por aplicativo.

Muitas pessoas me perguntam se tomar um café fora de casa é lazer. Sim, é lazer se você combinou se encontrar com alguém para isso. Faz parte dos seus momentos de descontração.

Não precisa cortar definitivamente esse café, mas, se ele está impactando seu orçamento e você quer ter mais dinheiro nas suas gavetas do sonho no final do mês, pode optar por reduzir a quantidade de vezes que sai para tomar esse cafezinho. Ou então pode trocar a cafeteria por um café na sua casa ou na casa da sua amiga. É uma questão de escolha das suas prioridades no momento.

Avalie honestamente se os gastos com lazer estão cabendo na sua gaveta ou se estão ocupando o lugar de outras coisas, até mesmo da realização dos seus sonhos. Se isso estiver acontecendo, é hora de colocar limites.

Gavetas personalizadas

Vamos olhar agora os custos que não são iguais para todo mundo.

Plano de saúde, escola dos filhos, seguro de carro, seguro de vida.

Cada um vive de um jeito. E você vai avaliar se pode rever o jeito como está levando a sua vida financeira.

Muita gente acha que tem que pagar a melhor escola do bairro, mas hoje vejo pessoas endividadas por escolherem colégios que não cabem no orçamento da família.

Digo isso por experiência própria, porque já fui dona de escola infantil, e vi situações em que os pais matriculavam as crianças mas não conseguiam pagar as mensalidades. Por quê? Porque elas não cabiam no orçamento. Ainda assim, esses pais mantinham os filhos matriculados e ficavam devendo as mensalidades.

Fazer uma boa faxina financeira inclui verificar se aquela escola tem o preço adequado para a sua família. Muitas pessoas têm a renda diminuída e não mudam as crianças de escola. Isso pode abalar muito a saúde financeira da família e colocar a casa em risco.

É melhor assumir a difícil decisão de mudar as crianças de escola do que enfrentar as consequências do endividamento e da falta de tranquilidade depois.

Você pode ter controle sobre suas despesas. Não controlamos o dólar, a inflação, nem o governo, mas controlamos o nosso orçamento.

Quem paga convênio médico ou plano de saúde também tem que observar se está compensando. Se não estiver, observe se na sua cidade existe atendimento médico gratuito de qualidade ou não. Nossa saúde é o bem mais precioso que temos. Se você consegue ser bem atendido na rede pública, está tudo certo. Mas, se o acesso a atendimento médico e de emergência é precário na sua cidade, como acontece em muitos lugares do Brasil, é preciso avaliar se você pode economizar em outra área e investir em um plano de saúde adequado para sua família.

Em todos os casos, é importante manter a reserva de segurança para emergências com saúde.

É bom avaliar e pensar com cuidado sobre isso.

Se você mora sozinha em um imóvel pequeno e não fica muito em casa no dia a dia, talvez não precise de um seguro residencial. Agora, se você mora com a família e tem uma rotina agitada em casa, avalie se vale a pena ter um seguro residencial que garanta o conserto dos eletrodomésticos, o conserto de um cano quebrado, da parte elétrica da casa, das fechaduras, enfim.

Educação financeira não tem a ver com cortar gastos, mas com saber onde cortar e onde gastar com inteligência.

Começou a faxina e sentiu vontade de correr? Respire e continue. No final você vai ver o quanto vale a pena. Eu garanto que vamos fazer sobrar pelo menos 10% do que você gasta hoje. Se você for dedicada, pode reduzir até 30% dos seus gastos e investir na realização dos seus sonhos.

Pode confiar em mim e me cobrar no final!

Você vai conseguir criar a sua reserva financeira e fazer um plano para realizar seus sonhos e objetivos pessoais.

Gaveta dos itens pessoais

Cada pessoa tem uma rotina quanto à compra de roupas. Quando eu era criança, minha família comprava uma vez por ano. Eu, quando ainda não era educadora financeira, enchia minha filha de vestidos, sapatos e lacinhos de todas as cores quando ela era pequena. Em cada época da vida temos um tipo de necessidade.

Por mais que você diga que não compra nada, ou que compra muito de vez em quando, é possível identificar o seu padrão de consumo de roupas e de objetos pessoais como maquiagem e acessórios.

Pare um pouco para refletir e identificar esse padrão.

Se quiser uma ajudinha, pegue a fatura do seu cartão de crédito e observe quantas compras de roupas e acessórios foram lançadas este mês.

O que isso está mostrando para você?

Será que todas essas compras são realmente necessárias ou estão servindo para "cobrir" outras necessidades, como a de ser aceita ou a de se sentir mais importante?

Talvez nem seja para "suprir" uma necessidade emocional, mas apenas reflexo de um hábito de comprar — que pode ser mudado.

Por isso, anote em seu caderno, avalie e repense a forma como você está lidando com essas compras.

Mais adiante vamos aprender a organizar tudo isso que registramos. A desorganização atrapalha o funcionamento do cérebro e provoca estresse. Em contrapartida, ser organizado facilita o trabalho do cérebro, pois permite que ele tenha previsibilidade para executar as tarefas.

Gastamos muita energia quando o armário está desorganizado, pois isso acumula desgaste cerebral e cansa. Nosso funcionamento mental também fica prejudicado com a desorganização. É por isso que organizar as finanças vai te ajudar a clarear também os pensamentos.

Muita gente brinca que, quando quer começar a organizar a vida, arruma o guarda-roupa. E a sensação de organizar as finanças é exatamente essa.

IDENTIFIQUE OS PORQUÊS

Quando você começar a registrar tudo que gasta, talvez, no início, não entenda por qual motivo ou circunstância está gastando tanto em determinadas coisas. Em algum momento você pode descobrir um buraco na poupança, porque não consegue guardar dinheiro. Em outro, pode perceber que anda gastando muito com comida "porque quer sempre fartura". E a primeira coisa que eu quero que você entenda é que o buraco pode ser mais fundo. Ou seja: você precisa entender as raízes, os motivos de gastar mais com determinadas coisas.

Então, não vamos ser simplistas. Já que estamos fazendo um diagnóstico financeiro, precisamos entender os porquês das coisas. E tem muita casca de cebola para tirar. Nada é por acaso. Aquela mulher que gasta bastante com comida e acaba desperdiçando pode perceber que a causa do seu comportamento tem a ver com traumas de infância, quando passou fome. Ou então, com lembranças de momentos em que entrou num supermercado e não conseguiu comprar comida para os filhos.

Em cada área de registro pode ser que você encontre um nível de dificuldade para entender "o que está pegando", já que você se esforça, sabe que aquele cano vaza, mas nunca tinha parado para consertá-lo.

Muitas pessoas têm a exata consciência de sua condição financeira. Sabem onde estão gastando e que tipo de equívoco cometem. Para elas não há grandes surpresas no registro. Se você é uma dessas pessoas, e se acha que o livro é para você porque não conseguiu seguir outros métodos, entenda que talvez esses não tenham cavado até a raiz do seu problema.

Quero despertar aqui a sua consciência de que pode, sim, existir algo mais profundo na sua maneira de agir. A origem dos nossos comportamentos muitas vezes vem da infância, por exemplo, e nem nos damos conta disso.

Tenho uma aluna que conseguiu identificar o motivo de nunca conseguir guardar dinheiro. Sempre que sobrava, ela dava um jeito de torrar tudo: e ela se lembrou de que, quando era criança, ao ver seu pai desesperado depois de perder todo o dinheiro da poupança no confisco do Plano Collor, ela se sentiu completamente vulnerável. Toda a segurança de seus pais estava pautada na poupança que tinham construído ao longo da vida. E aquilo acabou do dia para a noite.

Naquele momento, sem saber, ela havia enraizado em sua cabeça a ideia de que guardar dinheiro não era bom. Que era melhor gastar o que tinha guardado, porque poderia perder tudo.

Ou seja: o comportamento dela não era consciente. Ela registrava suas contas, sabia se organizar minimamente, mas não era capaz de guardar grandes quantidades. Parecia autossabotagem, mas não era. Era uma memória inconsciente.

Pode ficar tranquila que não vai ser dolorido encontrarmos as suas causas, porque, conforme você começar a identificá-las, vai trazê-las para a consciência e a sua mente inconsciente não vai mais guiar seu comportamento.

O pavor de poupança dessa aluna foi embora quando ela entendeu que não conseguia guardar dinheiro porque tinha a sensação de que isso não era seguro.

Meu passado também tem muitos aspectos que refletem hoje no meu comportamento. Meu pai era torneiro mecânico e minha mãe costurava em casa. Mesmo que ele fosse o provedor, depois que ela parou de trabalhar na mesma empresa que ele, minha mãe ainda assim fazia bicos para ganhar dinheiro. Mas isso nunca foi um sofrimento para ninguém.

Eu e meus irmãos sempre vimos nossos pais trabalhando muito para trazer dinheiro para casa. Mas veja só que curioso: em nenhum momento eles diziam que aquilo era um peso para eles. Trabalhar nunca foi um sacrifício. Era algo que trazia retorno financeiro e que eles gostavam de fazer.

Nunca senti medo ao ver os dois trabalhando demais. Era normal que eles trabalhassem. Meus pais também não passavam para os filhos a noção de que "precisavam de dinheiro". O registro que tenho nunca foi de "estamos sem dinheiro".

Era sempre "estamos fazendo uma coisa melhor".

Quando se casaram, meus pais não tinham imóvel. Então, foram morar num puxadinho da casa do meu avô paterno. Não tinha nem telhado.

Minha mãe era muito simples, tinha vindo morar na cidade aos catorze anos para cuidar dos sobrinhos e logo depois começou a trabalhar em uma fábrica. Lá conheceu meu pai, os dois eram bem jovens quando decidiram se casar. Depois do casamento, as coisas foram se ajeitando. E, quando nasci, eles eram como um time: organizados e satisfeitos com os resultados.

A primeira pergunta que eu quero que você faça a si mesma nesta jornada após registrar suas finanças é: Como seus pais lidavam com o dinheiro e o trabalho? Entender isso pode ser a chave para muita coisa.

Sua mãe trabalhava em casa? Ela trabalhava fora? Como era sua relação, na infância, com seus pais e com o trabalho deles?

E aqui entra um ponto fundamental da história: Eles gostavam ou gostam do trabalho deles? Veja bem: é vital que você entenda isso de uma vez por todas. A relação dos seus pais com o trabalho deles pode ter impactado diretamente na sua relação com o dinheiro, e vou te explicar de que forma isso pode acontecer.

Meu pai amolava facas para ganhar um dinheiro extra. E, sempre que estava em casa, mostrava o que fazia com as facas. A relação dele com o trabalho era positiva. Eu via nos olhos dele o quanto gostava da sua profissão, e isso fazia toda diferença.

Minha mãe também adorava trabalhar. Ela não fazia disso um peso. Era leve. E eu sinto que entre minhas alunas isso pega muito: tem gente que não faz o que gosta ou não trabalha com o que gosta porque considera que o trabalho deve ser algo "chato", difícil ou que não traz prazer.

Uma de minhas alunas me confidenciou certa vez que seu pai sempre dizia em alto e bom som que trabalho é onde se ganha dinheiro. Prazer, para ele, era outra coisa, que era feita nos fins de semana. Ela cresceu com essa mentalidade, e já no primeiro emprego foi buscar alguma coisa que desse dinheiro, mesmo que não gostasse. Assim, sempre que começava a "gostar" do trabalho, fazia alguma coisa para sabotar a si mesma. Não podia gostar do que estava fazendo, pois não fazia sentido ir contra as premissas de seu pai.

Para essa moça, trabalho e prazer nunca podiam andar de mãos dadas. Ela só ganhava dinheiro quando fazia o que não gostava. E acabava dando "de graça" ou cobrando muito pouco o que sabia fazer e gostava.

Percebe como a nossa relação com o dinheiro e com o trabalho pode ser desorganizada se agirmos dessa maneira? Um simples despertar sobre como foi implantado o chip do trabalho na sua vida pode fazer toda a diferença para que você comece a entender o seu comportamento em relação ao dinheiro e às finanças.

Trazer essa perspectiva da sua relação com o trabalho pode ser o pulo do gato. FAÇA O QUE VOCÊ AMA para muitos tem a ver com trabalho voluntário, trabalho gratuito, a palestra que não se cobra. E dessa forma muita gente não consegue monetizar seu maior dom.

Hoje eu tenho um Instituto que forma educadores financeiros porque quebrei muitos paradigmas ao longo do meu caminho.

A construção desta Aline não foi fácil, não aconteceu do dia para a noite. Embora eu não me sentisse culpada por me dedicar a algo que faço bem e que ajuda as pessoas, a palavra "ajudar" está diretamente conectada com algo que se faz voluntariamente e que não se pode cobrar. Temos inúmeros estigmas ligados a isso. Como cobrar por algo que recebi como "dom"?

Era o que se perguntava uma amiga que tinha uma facilidade incrível com terapias alternativas. Ela fazia uma combinação de tratamentos que era só dela, e os pacientes saíam de sua sala absolutamente energizados. Só que demorou para ela se despir do manto de advogada. Minha amiga só assumiu essa nova ocupação como algo que poderia remunerá-la financeiramente quando entendeu que não existia nenhum demérito em ganhar dinheiro fazendo algo de que se gosta.

Agora escreva:

É por isso que eu quero que você observe na sua história a sua relação com o dinheiro e com o trabalho. Como era a relação da sua mãe com o trabalho? E a do seu pai? Os dois gostavam do que faziam? Quais as crenças que eles transmitiram a você em relação ao dinheiro? Você carrega alguma delas até hoje?

_____

_____

_____

_____

_____

_____

_____

_____

Faça uma linha do tempo da sua vida, da infância até a idade atual, e vá marcando as reviravoltas financeiras. Você identifica algum padrão? Qual?

_____

_____

_____

_____

_____

_____

_____

_____

Qual a afirmação que fica martelando aí dentro quando você pensa na palavra "dinheiro"? O que os seus pais te ensinaram sobre o ganha-pão? Não o que eles diziam, mas o que eles demonstravam a respeito.

_____

_____

_____

_____

_____

_____

_____

Faça um levantamento dos eventos da sua vida e depois elabore as descobertas, principalmente em relação aos seus pais, porque a nossa herança genética e comportamental tem total influência sobre o que somos hoje.

É importante assumir uma postura de gratidão em relação ao que eles poderiam te dar naquele momento. Honrar e agradecer, mas não aceitar como um destino traçado que você precisa repetir lealmente.

Quando você reconhece esses padrões e assume uma postura diferente, se liberta para criar uma história nova, com sucesso e dinheiro.

Verifique se encontra uma linha mestra nesses acontecimentos.

Observe se há coisas que se repetem.

Reflita se existe algo que queira mudar, e registre.

_____

_____

_____

_____

_____

_____

_____

_____

OS DOCES DA DONA IZABEL

— Dona Izabel, pode mandar os doces?

Essa era a frase mais ouvida lá em casa. Minha mãe vendia doces, balas e chicletes para complementar a renda, e quando morávamos nessa casa eu já tinha dois irmãos. Ninguém podia colocar a mão nos doces, porque eram para vender. O doce de vender não era para comer de jeito nenhum, sem chance.

Nós morávamos no terceiro andar de um prédio, então ela descia os doces em uma cestinha, e o dinheiro subia na mesma cestinha.

Na casa da minha avó paterna, eles também tinham uma vendinha de doces, e nos deixavam comer. Só que minha mãe vigiava para que não aceitássemos. "O que é de vender não pode comer."

Olha que interessante: eu aprendi que dar prazer para os outros rendia dinheiro. Comer doce era extremamente prazeroso. Logo, para mim era normal vincular trabalho a prazer. Quando cresci um pouco mais e meu pai começou sua fábrica — que se tornou seu negócio até hoje —, minha mãe trabalhava com ele e eu, com onze anos, cuidava dos meus irmãos. Minha mãe chegava em casa animada — porque os dois se revezavam —, comentando: "Hoje conseguimos uma máquina. Hoje ganhamos um cliente novo".

Era sempre muito entusiasmante estar envolvido no crescimento financeiro e no crescimento das nossas perspectivas de futuro.

Intuo que foi ali que nasceu esse meu DNA de "Bora Crescer", meu grito de guerra hoje. Crescer era natural, era a evolução de um negócio. E o entusiasmo que eles traziam para os filhos era importante, já que eu não os via preocupados com as contas. Ao contrário, eles se mostravam felizes com o crescimento.

Muitas alunas minhas trazem outro DNA. Vejo que elas sofrem com as contas como os pais faziam: era sempre um aperto, uma preocupação, um medo de não dar certo. Ver os pais preocupados e tensos com a calculadora em punho e as contas para pagar era algo que fazia parte do dia a dia delas.

É importante revisitar seu passado para entender onde começaram suas maiores culpas e preocupações. Sugiro que essa visita seja acompanhada por um profissional capacitado.

Muitas mulheres chegam à idade adulta se sentindo culpadas por terem sido um peso para os pais. Elas vivenciam a culpa por ter tido algo bom. Como a criança que estudava numa escola boa, mas fazia "mal a alguém", porque via os pais trabalhando e reclamando para pagar a mensalidade.

Aquela criança cresceu acreditando que, quando se tem algo bom, alguém está sendo lesionado por isso. Então hoje ela prefere não ter nada "bom". Ela não aguenta ser um peso para ninguém. É a tal da culpa por ter coisas legais na vida.

Mas meus pais nunca incutiram culpa em nós. Estavam muito conscientes da condição financeira que tinham e de onde queriam chegar. Isso é mais importante do que tudo, porque em determinado momento da sua jornada você vai entender que, além de registrar e organizar sua vida, o que vai fazer você crescer é planejar e saber aonde quer chegar. Isso vai concretizar seus sonhos.

Meu pai "brincava" com o trabalho. Sim, o trabalho para ele era uma brincadeira. E aquilo me animava. A possibilidade de se satisfazer com o trabalho. Ganhar dinheiro fazendo algo que faz você se divertir era maravilhoso.

Mas quantos têm esse privilégio? De ter pais como os meus, que sentiam prazer no que faziam? As histórias que conheço são de pessoas que carregam muitos traumas porque ouviam medos, reclamações e viam os pais sofrerem para ganhar dinheiro.

Tenho um amigo que é cirurgião ortopédico, e sempre que jantamos ele começa a mostrar a radiografia de seus pacientes. Ele de fato se diverte com o que faz — embora eu não consiga sequer olhar para o tal do raio X que ele mostra tão apaixonado.

Ele faz um tremendo sucesso como cirurgião. Ama o que faz, ganha dinheiro com isso e é próspero. Mas quantas pessoas conseguem fazer o que amam e ser remuneradas por isso? Já se perguntou por qual motivo muita gente não consegue sair do lugar ou ganhar dinheiro com sua atividade preferida?

Eu estava tão condicionada a trabalhar com o que amava que logo que consegui o primeiro emprego, aos dezesseis anos, entendi que, se não estivesse feliz, não ia dar certo. E ser secretária de uma dentista, para mim, foi um soco no estômago. Quando ela precisava de ajuda no consultório e me chamava, eu quase desmaiava, porque não podia ver sangue. Era sofrido demais trabalhar ali, por isso eu logo saí.

No entanto, quando comecei minha "fábrica de carimbos", aquilo era quase um hobby. E então deu certo.

Agora escreva:

Quando você olha para a sua história, consegue perceber se existe algum fator limitante que possa estar interrompendo o seu crescimento? Qual a sua relação com o prazer no trabalho atual? E nos seus trabalhos anteriores? Você se diverte trabalhando?

Responda com sinceridade: existem comportamentos que você gostaria de mudar? Como deveria agir para se livrar deles?

Nesse registro, é importante observar todos os aspectos da sua vida, além de sua situação econômica, dos bens materiais adquiridos ou não. Perceba como está sua situação de trabalho e pergunte a si mesma se está na profissão certa, se, dentro da profissão, está na área certa e convivendo com as pessoas certas.

Observe se está se desenvolvendo como gostaria. Suas condições de saúde atuais podem te dar um bom alerta sobre estar feliz no trabalho (a seguir conto um pouco sobre isso).

A partir daí, entenda quais são as situações mais causadoras de estresse e quais os "galhos secos" que precisam ser cortados para novos brotos se desenvolverem.

Na terceira parte do livro vamos falar sobre metas, mas por enquanto precisamos entender o passado e o presente para podermos lidar com o futuro.

UM NEGÓCIO COM O CORAÇÃO

Já comentei aqui que, antes de ser educadora financeira e de abrir meu Instituto Soaper, eu tive uma escola de educação infantil. Por que entrei nesse ramo? A resposta é fácil: maternidade e trabalho, um conflito eterno.

Eles eram pequenos e eu queria trabalhar sem ser uma "mãe ausente", então encontrei uma maneira de fazer as coisas darem certo. Mais uma vez meus pais foram os que me puxaram para esse caminho. Minha mãe parou de trabalhar na empresa com meu pai e, em vez de cuidar dos netos, me chamou para ser sócia em uma creche e escola de educação infantil. A escola já existia, mas tinha poucos alunos, cerca de vinte crianças entre seis meses e seis anos. Eu tinha acabado de me formar em direito e de abrir um escritório em sociedade com algumas amigas. Mas a possibilidade de trabalhar e ao mesmo tempo acompanhar o crescimento dos meus filhos era tentadora demais, e eu renunciei à advocacia para me dedicar à escola.

Me especializei, aumentei o número de alunos (chegamos a ter 150 crianças matriculadas) e nos tornamos uma das escolas mais buscadas no bairro. Meus filhos estudavam ali, os filhos dos meus irmãos também, e tudo caminhava bem. Conforme os anos passaram, a escola cresceu muito e até dava lucro. Eu já tinha 45 funcionários. E eu me achava a salvadora da vida de todo mundo, afinal aquelas mães precisavam trabalhar e eu podia cuidar das crianças para elas terem tudo de que precisavam. De educação a alimentação e banho. Com um comportamento controlador, eu queria dar conta de tudo e principalmente salvar todo mundo.

Ajudar era a palavra-chave. E eu via as necessidades dos outros: meus sobrinhos estudavam na escola, minha mãe era sócia, meu pai acreditava que aquele negócio era sólido. Já estávamos funcionando havia dez anos, com centenas de famílias sendo beneficiadas pelo nosso negócio — mas eu estava insatisfeita.

Em alguns momentos temos que parar de pensar nas escolhas de todo mundo e resolver a nossa vida, porque eu só sabia fazer isso: olhar para os outros. A minha necessidade não era levada em conta.

O conflito era insustentável. Eu não queria mais a escola. Mas e os funcionários? E se a pessoa que comprasse o negócio os demitisse? E os pais das crianças? Eles iam ficar desamparados? Eu achava que o mundo ia acabar. Pensava nas crianças que estudavam ali como se não houvesse outra escola no mundo.

A verdade é que meu corpo começou a somatizar tudo. Adoeci. As enxaquecas eram terríveis, e eu vivia à base de remédios. Tinha dores de garganta tão intensas que fui parar na UTI por conta de uma infecção. Meu corpo tentava gritar, mas ficava tudo ali, entalado.

As crises tentavam me alertar. Eu sabia o que precisava fazer, mas não conseguia. Não achava que alguém entenderia minha decisão. Como eu ia abandonar uma escola com 150 crianças matriculadas?

Era a decisão mais difícil do mundo. Eu não conseguiria vender a escola para qualquer pessoa. E todas as probabilidades passavam pela minha cabeça.

A decisão que tomei foi vender a escola para a diretora e a coordenadora. Mesmo sabendo que elas não tinham como pagar naquele momento, acreditei que elas poderiam parcelar o valor com o dinheiro que entraria; fizemos uma negociação. Elas assinaram notas promissórias, iriam me pagar aos poucos e estava tudo certo.

A verdade é que no período de transição os pais surtaram ao descobrir que eu ia sair. As novas proprietárias assumiram a escola num momento de turbulência, me pagaram apenas por dois meses e depois nunca mais recebi. E tudo que eu não queria que acontecesse aconteceu.

Elas demitiram os professores, a escola mudou de endereço. Eu me prejudiquei financeiramente, porque poderia ter vendido para um grupo que estava disposto a fechar negócio comigo. Enfim, não consegui separar o apreço que eu tinha por elas da questão financeira e preferi prejudicar a mim mesma a contrariar as pessoas que confiavam em mim.

Se eu tivesse conversado com alguém de fora, contratado um mentor ou um educador financeiro, teria feito diferente.

Mas é muito difícil você ler um rótulo quando você está dentro da garrafa. Quem está lá dentro não consegue ler o que está escrito do lado fora e precisa de alguém que abra a tampa, tire a pessoa de dentro da garrafa e a ajude a enxergar o que está acontecendo.

Tentar resolver a vida de todo mundo é uma furada. Essa salvadora que existe dentro de você, que só pensa com o coração, pode te levar à falência.

Uma mulher que age com o coração no universo das finanças está sujeita a esse tipo de conflito o tempo todo. Eu estava emocionalmente apegada à escola, tinha criado aquele espaço para os meus filhos. Você acha que eu conseguiria ser uma "vilã" com as pessoas? Meu papel era de salvadora. E não conseguia entender como sair do negócio sem prejudicar ninguém.

Por isso, neste momento, quero que você veja se no seu trabalho ou negócio está deixando de ganhar dinheiro porque só age com o coração.

A decisão de manter a escola funcionando sem mim era pior do que ver outra pessoa mudando o que eu tinha feito. Por isso, não adianta conversar com um consultor e olhar apenas para números matemáticos.

Se você percebe que está dentro dessa turbulência, observe como está hoje sua vida. Caso sua situação seja parecida, entenda o que é melhor. Não dá para viver com essa mentalidade. Fui boazinha a ponto de vender meu negócio para pessoas que eu não tinha certeza se iriam honrar os pagamentos. Eu queria ser legal com todo mundo.

Foi um grande perrengue. Saí dessa situação com uma mão na frente e outra atrás. Mas isso fez de mim o que sou hoje. Sem dinheiro, decidi começar minha vida de consultora financeira.

Na época eu não podia nem vender o meu carro, porque tinha dado como garantia em um empréstimo que havia requerido para fazer uma reforma na escola.

Era como começar tudo do nada, mas acabou sendo melhor do que viver naquele conflito. Era melhor do que ter dinheiro e viver doente. Eu começaria tudo sozinha mais uma vez.

Agora escreva:

Reveja, na sua própria história, como foram tomadas as suas principais decisões financeiras. Você pende para qual lado da balança? Age pela razão ou pela emoção quando lida com dinheiro e quando toma decisões que o envolvem?

_____

_____

_____

_____

_____

Que papel você imagina que representa nessa história? Salvadora? Vilã? Heroína? Está carregando todo o peso nas costas para salvar as pessoas?

_____

_____

_____

_____

_____

Ao observar a si mesma de fora, entenda que a nossa vida é um caminho de crescimento; só precisamos aprender a olhar para ela e viver com consciência. Este livro será um estímulo ao seu despertar. Veja sob um novo olhar os obstáculos que enfrentou, os desafios pelos quais passou, os encontros, as crises e as oportunidades que surgiram a partir delas.

Ao registrar cada gasto em todas as áreas da sua vida por meio desta faxina financeira, você vai entender em que fase está e se é preciso tirar os móveis do lugar e se terá que adotar medidas que lhe tragam mais segurança.

SOBRE SAIR DO SUFOCO

Deixar minha escola e começar do zero não foi um mar de rosas. Precisei aprender muita coisa nesse caminho. Os primeiros dois anos foram de sufoco financeiro, mas eu consegui criar uma história para mim e para minha família.

Os momentos de sufoco fazem parte da vida, são situações que nos levam a crescer, mas não podemos achar normal viver o tempo todo nessa privação.

Não me conformo em ver tantas pessoas passando aperto sem saber como virar o jogo. Tantos casamentos sendo abalados, até mesmo pessoas acabando com a própria vida, por causa de dinheiro. Foi por isso que criei o "Movimento Inconformados" enquanto escrevia este livro.

Se hoje sou fundadora de um instituto que promove a educação financeira e forma educadores pelo mundo afora, que emprega mais de trinta colaboradores, é porque já vivi muita coisa e não quero que ninguém passe por privações ou viva dentro desses ciclos que se repetem — ora com dinheiro, ora sem. Às vezes doente, outras, em desespero, com poucos momentos de tranquilidade. Isso não é normal. Pode ser comum, mas não é normal nem saudável.

Estamos falando da vida das pessoas.

Quão importante é saber usar o dinheiro? Tente imaginar a sua vida e perceba de que maneiras o dinheiro influencia todos os aspectos dela.

Em 2020, quando tivemos o fechamento do comércio por conta da pandemia de covid-19, milhões de pessoas não tinham dinheiro para sobreviver por uma semana. Pessoas com empreendimentos, lojas, restaurantes, não tinham como pagar os funcionários no final do mês. Vi pais de família sendo massacrados pela pressão de passar por tudo isso. Mulheres em pânico. Pessoas com transtornos de ansiedade seríssimos sem saber se iriam sobreviver até o final do mês.

Talvez daqui a dez anos as crianças que viveram aquela situação não se lembrem do que vivemos, mas você vai se lembrar. Você não vai esquecer disso.

Muitos, naquele momento, não sabiam como colocar comida dentro de casa. E isso é mais sério do que podemos supor. Não foi apenas uma crise sanitária; foi uma crise que nos mostrou o quanto estávamos despreparados financeiramente. Aquele momento pegou todo mundo de calça curta.

Vi pessoas bem-sucedidas sem saída, quebrando. E as que sobreviveram, fizeram o quê?

Quando a pandemia começou, assumi um compromisso: eu iria ajudar as pessoas a cuidar do dinheiro delas, a construir uma reserva financeira. Não dá para vender o almoço para pagar a janta. Isso não pode se tornar um jeito de viver, um jeito que te adoece gradualmente. De pouquinho em pouquinho você se endivida e sua vida se torna caótica, desorganizada, sem perspectiva nenhuma.

Não dá para viver só para pagar dívidas.

Entre os anos de 2020 e 2021, formei mais de quatro mil educadores financeiros: o Movimento dos Inconformados. Pessoas que estão me ajudando a mudar essa situação, comprometidas a ajudar os brasileiros a melhorar de vida.

Não me conformo com quem perde tudo porque não sabe lidar com dinheiro. Não acho que isso esteja certo, nem que seja saudável, embora seja tão comum.

Em 2020, foram 331 mil casamentos desfeitos, e mais de 50% desses casais relatam que terminaram o relacionamento por causa de dinheiro.[1] Essa é a realidade das famílias brasileiras. Famílias que ficaram à beira de um colapso principalmente porque não tinham as finanças organizadas.

1 "CASAMENTOS têm durado cada vez menos no Brasil, aponta IBGE; metade dos divorciados em 2020 não completaram dez anos juntos". *O Globo*, Rio de Janeiro, 18 fev. 2022. Disponível em: <https://oglobo.globo.com/brasil/casamentos-tem--durado-cada-vez-menos-no-brasil-aponta-ibge-metade-dos-divorciados-em--2020-nao-completaram-dez-anos-juntos-25400717>. Acesso em: 19 jan. 2024.

No casamento, um exige do outro e com isso o relacionamento vai se desgastando. Os momentos de curtição, alegria e romance dão lugar a cobrança, frustração e estresse.

Alguns dizem que o amor supera muitas coisas, mas entenda: o estresse e a ansiedade geram agressividade, acusações e culpa. Muitos acabam com o casamento porque não se sentem capazes de sustentar a família.

Quantas vezes os provedores da família se veem numa situação tão desesperadora que largam tudo e vão embora? E por que estou falando disso? Porque saber lidar com as finanças pode literalmente curar sua vida.

Não me conformo em ver famílias sendo desfeitas por causa do dinheiro.

Conheço pessoas que pensaram em suicídio por causa de problemas financeiros. E não buscaram ajuda. Pessoas que estão completamente sem forças para olhar para aquilo que as fere.

As mulheres pensam nos filhos, mas têm uma força extraordinária quando aprendem a mudar a situação e se descobrem capazes de criar seus próprios caminhos. Elas buscam ser prósperas de verdade. E é nessa parte que eu quero ajudar.

Tantas pessoas desistem de tudo porque não têm dinheiro. Muitos fazem empréstimos com agiotas para pagar as contas. Já vi homens que não contavam para as esposas que não pagavam a mensalidade da escola.

Já vi homens que tiveram seu imóvel leiloado porque deixaram de pagar o condomínio, e tinham vergonha de falar para a família que não conseguiam dar conta. Você imagina a pressão interna que isso causa?

As pessoas ficam agressivas, fazem empréstimos. Algumas chegam a se suicidar porque não conseguem suprir a necessidade da família. Sem um conhecimento básico de educação financeira, não se sentem capazes de contar para os familiares que os negócios estão dando errado e que sustentá-los ficou impossível.

É comum ver homens bebendo porque não sabem o que fazer para conseguir mais dinheiro. Eles se enfiam em vícios. E sabe o que acontece? O efeito da bebida passa, e tudo volta. O telefone continua tocando para cobrar a dívida, a esposa reclama porque as contas não estão pagas, e o homem se embriaga para fugir da realidade.

Não basta eu repetir as dicas batidas aqui. Todo mundo sabe o que fazer para gastar menos no supermercado, para cortar gastos. O que eu preciso fazer é te ensinar a ter dinheiro para ir às compras. Ensinar você a não precisar contar moedas para comprar comida. O problema com o dinheiro não é o fim do jogo. É só uma pedra no caminho.

Temos que aprender a solucionar nossos problemas, e a solução não tem a ver com ditar regras ou fazer planilhas.

Acordar com medo, olhar para as contas, esquentar a cabeça pensando em como vai fazer para pagar, entrar numa crise de ansiedade e num looping infinito de medo não é saudável para ninguém. Podemos mudar isso criando hábitos financeiros saudáveis, e a faxina financeira é o primeiro passo. Listar o que você gasta, fazendo o registro de tudo, parece simples, mas traz consciência para a fase que vem a seguir: a da organização.

Organizar a casa quando se sabe o que tem nela é quase uma arte. Olhamos para o que queremos, para o que não queremos, para o que está sobrando, e os excessos ficam mais evidentes.

Vamos falar desses excessos, mas sem ficar cortando tudo e fazendo a vida se tornar uma provação chata, sem se tornar a louca dos descontos e promoções. É hora de ter um novo comportamento financeiro, e para isso você precisa entender quem é você, o que tem na sua casa, o que quer deixar, o que quer reciclar e o que vai se desfazer.

Isso exige que você olhe de verdade para suas contas, sem fugir delas. Pode dar medo, mas ao encará-lo ele para de doer, e você se torna mais adulta para seguir com suas frustrações, limitações e saber o que fazer com elas.

É comum, nesse processo, as pessoas ficarem com raiva de si mesmas ao perceberem como foram descontroladas no passado. Quer saber? A mudança é agora. Deixe o passado de lado, no lugar dele, e viva o presente que está se apresentando a você.

Se gosta de planilhas, pode usar uma que preparei para esse assunto. Ela vai te ajudar a acompanhar os seus gastos.

AS CONSEQUÊNCIAS DO ENDIVIDAMENTO

Você sabia que, no Brasil, mais de 79% das famílias estão endividadas?[2] E por trás de qualquer dívida tem gente comendo demais para compensar, bebendo demais para esquecer ou se drogando. Por trás de uma dívida existe uma família perdendo um pai, uma mãe. Seja por questões de saúde ou porque aquela pessoa simplesmente desistiu de tudo.

O endividamento provoca deslizes, loucuras e consequências. As pessoas são capazes de cometer atos impensados por causa de dinheiro.

Tenho um aluno que era funcionário público e tinha um salário de mais de 20 mil reais. O slogan dele era "É só mais um consignado". Era um deslize que de tempos em tempos ia acontecendo, e quando o conheci ele tinha um cargo estável, mas seu casamento estava acabando e ele estava extremamente endividado.

O dia do "chega" foi a hora em que, sem dinheiro para colocar gasolina no carro, ele precisou assaltar o porquinho da filha para poder pagar a passagem de ônibus e ir trabalhar. Detalhe: esse aluno tinha dois carros novos, financiados, na garagem de casa.

Foram pequenos deslizes que o levaram a pegar o dinheiro guardado pela filha para pagar a condução.

Quantas pessoas hoje estão cometendo deslizes parecidos? Era só mais um consignado, mas os empréstimos quase acabaram com uma história de dedicação.

---

2 CATTO, André. "Endividamento cresce e atinge 79% das famílias; número de inadimplentes bate recorde, aponta CNC". *G1*, 5 set. 2022. Disponível em: <https://g1.globo.com/economia/noticia/2022/09/05/endividamento-cresce-e-atinge--79percent-das-familias-numero-de-inadimplentes-bate-recorde-aponta-cnc.ghtml>. Acesso em: 19 jan. 2024.

Esse rapaz foi afundando nas dívidas.

Outro aluno, que se tornou professor, ouvia o pai, um empresário bem-sucedido, dizendo: "Esse menino vai gastar todo o meu dinheiro". Ele era criança, não tinha entendimento do que ouvia, mas infelizmente perdeu o pai ainda adolescente. Quando se tornou adulto, por falta de educação financeira, contraiu tantas dívidas que acreditava não ter mais jeito. Inconscientemente, ele "honrou" as palavras do pai, e a herança não foi suficiente para mantê-lo em uma boa situação. Até que chegou um momento em que tinha mais de 200 mil reais em dívidas acumuladas.

Quero que você entenda que nem todo endividado é mau caráter ou burro. Muitas dívidas começam por pequenos deslizes cometidos no dia a dia. Deslizes pessoais ou de outras naturezas. E isso tem uma consequência enorme na história de vida das pessoas.

Conheço uma mulher que pediu o cartão do marido emprestado para comprar sapatos. Depois ela pegou dinheiro do marido para pagar a fatura, e não pagou. Quando o marido viu a fatura com os juros e multa e, por causa disso, acabou tendo seu nome negativado, separou-se dela devido à quebra de confiança.

Não foi pelo sapato ou pela dívida; foi pela falta de habilidade dos dois em lidar com a questão financeira no relacionamento.

Fico inconformada não apenas com o endividamento, mas também com as consequências dele. Era só um cartão de crédito, mas acabou resultando em uma traição financeira, que acabou com um casamento.

Quantas pessoas recebem de mão beijada empresas dos pais e, achando que foi fácil chegar ali, dilaceram o patrimônio de uma família fazendo dívidas? Isso acontece porque elas não tiveram educação financeira.

Precisamos falar sobre dinheiro. Precisamos transformar nossas histórias através da mudança do entendimento sobre o uso do dinheiro.

Muitos nem falam sobre o assunto porque aprenderam que se trata de um tabu. A verdade é que temos que falar sobre dinheiro, porque as dívidas são capazes de levar a nossa vida à ruína.

Outro dia vi uma notícia que me chocou: um homem colocou fogo no próprio carro para receber o dinheiro do seguro. Ele foi multado, acusado de crime ambiental porque o fogo se espalhou e está respondendo por dois outros crimes. O problema dele, que era financeiro, triplicou.

O desespero é tanto que essas pessoas não sabem mais o que fazer.

Falar de dinheiro é necessário, e temos que ser humanos e não perfeitos. Como educadora financeira, percebo o quanto isso afasta as pessoas; o tal ideal de perfeição do rico que só poupa e nunca come fora.

Quem está endividado precisa de um ser humano à sua frente, que não o julgue. É por isso que precisamos olhar para esses registros e entender que existe um jeito de restaurar as coisas.

Se você colocou tudo no papel e não está feliz com o que viu, saiba que existe solução para tudo.

Enquanto escrevia este livro, comecei a fazer uma série de lives e ouvi muitas histórias. Entre elas a de um sujeito que ganhou 30 milhões na loteria e hoje sobrevive como flanelinha. Isso demonstra que dinheiro não resolve nada. Educação financeira, sim.

O que as pessoas precisam entender é que os pequenos deslizes são capazes de levá-las para a ruína.

Agora escreva:

Você tem dívidas? Liste todas elas — de parcelamento de cartão a boletos atrasados. Para quitar uma dívida, é preciso saber o tamanho dela.

A BOLA DE NEVE

Quem não faz seu controle financeiro e não sabe para onde vai o dinheiro está caminhando para o endividamento. É inevitável. Isso gera um estresse sem fim. A bola de neve começa a se formar sem que você perceba, e, logo que entende o que aconteceu, você se apavora.

Você paga juros, multas, fica com o corpo doendo, perde o sono. E aí começam os desentendimentos familiares, as discussões sem sentido, e vem a baixa produtividade.

A pessoa endividada não consegue trabalhar, pois passa o tempo todo pensando no que pode acontecer com ela. Por isso acaba se tornando improdutiva. Por não ser produtiva, trabalha menos, ganha menos e a renda diminui. É uma bola de neve.

Você não sabe até que dia a luz vai ficar acesa, se vão cortar o gás hoje ou amanhã.

Em plantões de emergência dentro de hospitais também se observa que os problemas financeiros causam picos de pressão e diabetes, além da instabilidade emocional. Sem contar a angústia, a irritabilidade, a insônia. Você sabe, né? Claro que sabe. Você já passou ou está passando por isso, e não quer mais viver dessa maneira.

Até mesmo a perda de um emprego pode ser causada por um problema com o endividamento. A pessoa endividada se perde de tal forma na preocupação que mal consegue trabalhar ou se relacionar com as pessoas da empresa. Com isso, a produtividade cai e a empresa dispensa. A situação, que já estava difícil, ainda pode piorar.

O mesmo acontece com empresários e empreendedores que se atolam em dívidas. A cabeça para de pensar em produção e começa a focar só a dívida, os resultados do negócio pioram e os problemas aumentam. Estamos falando de vida, e não apenas de dinheiro.

Por isso deve-se olhar para o endividamento como uma questão de saúde pública e criar ações para mudar isso.

Mas por onde começar? Pela consciência de que é preciso mudar. Não é culpa de ninguém, e precisa ser resolvido. Daí a necessidade de conseguir um comprometimento pessoal e familiar. Não adianta começar a se organizar hoje e amanhã não continuar. Mesmo se estiver viajando, se estiver cansado, é vital estabelecer rotinas de cuidado e controle. Criando esse hábito, a rotina vai se tornar normal para você.

Você também precisa de persistência e paciência. Os problemas se acumulam há muito tempo, e não é da noite para o dia que vão se resolver. Não é em um mês que as coisas vão entrar nos eixos, mas nem por isso você deve desistir. Não desista quando parecer que está difícil.

Sair do endividamento ou do sufoco financeiro requer dedicação e a visão do benefício que você terá quando resolver esse problema.

Agora escreva:

O que você gostaria de ter no lugar das dívidas?

_____

_____

_____

_____

_____

É essa a visão que vai te ajudar a manter o foco quando as coisas ficarem mais difíceis e você pensar em desistir.

Manter o foco é se comprometer a ficar com o controle na mão, e isso é essencial para controlar sua vida financeira.

Por falar nisso, é muito importante definir onde será feito esse controle. Muitas pessoas se enrolam porque querem começar a usar planilhas e não sabem como preenchê-las, aí desanimam e abandonam o controle financeiro. Isso não pode ser um impedimento para você. Se tem dificuldade com planilhas, você pode usar uma agenda de papel ou até mesmo um caderno para anotar seu controle financeiro pessoal. O importante é funcionar para você.

Qual deles funciona melhor hoje para você? A planilha ou o caderno?

Os aplicativos de celular podem ser muito úteis na organização financeira, mas, nesse início de processo, não recomendo usar. Isso porque as pessoas baixam os aplicativos, conectam a conta do banco e a agenda neles e nunca mais olham para as despesas. O aplicativo sozinho não muda nada na sua vida. Ele só automatiza os registros, e é justamente o hábito de registrar que vai te trazer clareza sobre o que está acontecendo com sua vida financeira.

Por isso, sugiro que você deixe o aplicativo para quando já tudo estiver organizado e você quiser manter apenas o controle, ok?

Além de definir uma única forma de fazer esse controle, é importante criar hábitos para mantê-lo. Os registros fazem parte disso.

TODO DIA NO MESMO HORÁRIO

Quinze minutos de riqueza!

Isso quer dizer que você deve dedicar um tempo para olhar para aquilo que gastou e registrar diariamente. Coloque um alarme no celular para o final do dia com o lembrete "quinze minutos da riqueza", e use esse horário para fazer esses registros.

Registre todos os itens em quinze minutos. Além da anotação, faça uma breve revisão e analise o que gastou nesse dia.

Nesse momento você vai brigar consigo mesma, se chamar de estúpida, perceber seus maiores erros, ciclos e padrões de comportamento e gastos. É normal tentar fugir para não enfrentar aquilo que você mesma causou. Mas pare e respire.

Se for preciso, reveja suas respostas do quiz sobre o tipo de "casa" que representa você. Elas te ajudarão a ter clareza sobre seu comportamento e hábitos.

Entenda que registrar é só o primeiro passo. Não tenha medo do que virá a seguir. Na organização da casa, a faxina é apenas o começo, e vamos fazer você tomar a vida nas próprias mãos e nunca mais soltar a rédea.

Se você está passando por uma crise, entenda que ela é passageira e possibilita promover transformações em nós. Crises são importantes para iluminar nossa trajetória quando nos desviamos do caminho. Elas se tornam um farol para nos alertar. Mas o tempo que vamos permanecer envolvidos nelas depende da nossa capacidade de perceber a sua existência e decidir agir para mudar.

Um caranguejo, quando cresce, é obrigado a mudar de casca. Para isso, ele precisa dissolver a casca antiga, e as substâncias dela são usadas na casca nova. E, apesar de se sentir muito vulnerável enquanto está dentro do seu "buraco", quando a casca se refaz, ele sai sem medo.

Se você está passando por uma crise, entenda que pode se comportar como o caranguejo: retire-se de cena por algum tempo para voltar mais forte.

Se você ainda estiver em dúvida se vai "dar conta" desse processo de transformação, pergunte a si mesma:

→ Quero dar um novo rumo à minha vida?

→ Sou capaz de promover transformações na minha vida?

→ Estou encontrando os motivos pelos quais me perdi nas finanças pessoais?

→ Sou capaz de aceitar a condição na qual me encontro?

→ Tenho ilusões em relação a mim mesma de que preciso me desapegar para ter uma vida livre de verdade?

Ter ritmo para acompanhar essas mudanças é fundamental.

Reunião da construção de riqueza

Os quinze minutos de riqueza acontecem todos os dias. Isso vai manter as coisas sob controle, mas uma vez por semana será preciso fazer a faxina financeira. Esse é o momento em que você analisa seus registros e define as estratégias para a próxima semana.

Por exemplo, você definiu que só gastaria cem reais por semana pedindo comida pronta, mas no dia da faxina financeira semanal percebeu que gastou duzentos. Essa é a hora de definir qual será a estratégia. Gastar só cinquenta nas próximas duas semanas ou ficar uma semana sem gastar e voltar para cem na semana seguinte?

Quando há esse acompanhamento, você tem a possibilidade de tomar decisões que farão diferença na sua vida no final do mês, no final do ano e naquele sonho que você quer realizar.

Outro benefício da faxina financeira é identificar possíveis fraudes no cartão de crédito. Com a vida corrida que temos, pequenos valores são cobrados indevidamente e acabamos pagando sem perceber.

Minha faxina financeira já me salvou de fraudes

Em uma das minhas faxinas financeiras percebi que existiam 28 cobranças do correio no meu cartão de crédito. Foram mais de 8 mil reais em cobranças, com valores de duzentos a quinhentos reais. Como estava atenta, contestei a cobrança e pedi o cancelamento dessas compras, mas valores pequenos podem passar despercebidos.

Como já expliquei antes, conforme sua vida for se organizando, você poderá aumentar o espaço entre uma faxina e outra para quinze dias e até uma vez por mês, depois que tudo estiver na linha e você andar em direção aos seus objetivos.

DO LUXO AO LIXO

Cuidado com a ajuda excessiva a outras pessoas durante a sua transformação financeira

Quando você estiver cuidando melhor da sua vida financeira e o dinheiro começar a sobrar, as pessoas ao redor vão perceber e muitas podem se achar no direito de querer sua ajuda, afinal agora você estará "bem de vida". Muito cuidado nessa hora: o processo de reorganização financeira exigirá de você disciplina até para dizer não aos mais "folgados".

Você já deve ter ouvido a história de uma ex-participante de um reality show da Globo que era babá e ganhou meio milhão de reais ao vencer o programa. Saiu da casa mais vigiada do Brasil com a conta cheia, se sentindo rica e poderosa, e começou a gastar sem nenhuma educação financeira.

Além de comprar uma casa de alto padrão para si mesma, comprou outra para a irmã, ajudou seus familiares a quitarem dívidas e emprestou o nome para alguns "amigos".

Ela também aceitou ser fiadora da então assessora e amiga.

Acontece que a amiga não pagou o que devia, e no final a ex-participante foi acionada pela justiça. No processo, ela perdeu a casa dos sonhos e começou a afundar em dívidas.

Depois disso, apareceram várias pessoas querendo ajudá-la, e, como ela não tinha educação financeira, foi aceitando ajuda — fazendo dívidas — e acabou perdendo tudo o que tinha.

Por mais absurdo que possa parecer, hoje ela está em uma situação pior do que antes de entrar no reality show.

Vamos analisar alguns dos erros que essa moça cometeu:

1. Ela acreditou que o dinheiro do prêmio iria durar para sempre, mesmo torrando tudo.

2. Quando adquiriu a casa, ela comprou um passivo que demandava que ela colocasse dinheiro lá. Aquela casa não colocava dinheiro no bolso dela, e ela não tinha renda recorrente para manter o imóvel, que exigia um valor mensal alto em despesas de manutenção, condomínio, energia elétrica, IPTU etc. E é o que acontece com quem compra um imóvel sem dimensionar as despesas que o acompanham. Chamamos a casa de passivo porque ela exige que se tire dinheiro do caixa, mesmo que seja de uma pessoa e não de uma empresa.

3. O mesmo acontece quando uma pessoa ganha um carro zero na promoção do shopping ou em algum sorteio. Se ela não consegue pagar o seguro, o IPVA, estacionamento e possíveis multas, aquele carro, que parecia uma bênção, vira um pesadelo. Como a casa dos sonhos da vencedora do reality show. Ela não investiu meio milhão, ela apenas torrou o dinheiro.

4. Ela quis ajudar todo mundo. É normal e bonito querer ajudar os familiares, mas é preciso ponderar se essa ajuda vai colocar em risco sua própria estabilidade financeira. Se você começar a pagar dívidas de parentes, a emprestar seu nome para os outros abrirem negócios e comprarem imóveis ou se tornar fiadora, em breve quem vai precisar de ajuda será você e provavelmente essas pessoas já não terão dinheiro para te ajudar. Por isso, seja prudente quando decidir fazer algo pelo outro. Cada um precisa assumir a própria responsabilidade para mudar sua realidade financeira.

Não estou dizendo para você se tornar mesquinha, não fazer doações... Entre doar o que você pode e fazer loucuras para ajudar terceiros existe uma grande diferença.

Você já conheceu alguém que se deu mal por querer ajudar outras pessoas de forma inadequada?

Espero que esses exemplos te ajudem a permanecer firme quando as coisas começarem a melhorar para você.

Voltando ao caso do meio milhão (hoje seria no mínimo 1 milhão e meio, que é o prêmio atual), o que ela deveria ter feito? Não era justo ela comprar uma casa dos sonhos?

Claro que sim, mas não empatando todo o dinheiro.

O primeiro passo seria investir a maior parte do dinheiro para ter uma renda passiva, que são juros pelo valor investido. Assim o dinheiro iria continuar crescendo.

Depois deveria haver um planejamento para usar parte desse dinheiro de forma consciente com algum sonho. Poderia ser uma casa, mas com despesas mais adequadas a um estilo de vida menos custoso. Ela recebeu o prêmio uma única vez, não iria receber todos os anos. Deveria ter buscado meios de usar a fama que ganhou com o programa para gerar mais renda.

Ao sair do programa com o prêmio principal, ela não aceitou convites para outros trabalhos, porque acreditava que o dinheiro iria durar para sempre. E esse é um erro muito grave de quem consegue acumular uma grande quantia: "consumir" tudo sem a preocupação de repor o que está sendo consumido.

Por isso, muito cuidado. Mesmo quando as coisas estiverem indo bem, os princípios da educação financeira precisam ser respeitados. Dinheiro não aceita desaforo!

Fique atenta às armadilhas que mais detonam as finanças de quem tem e de quem não tem muito dinheiro.

Os sete pecados capitais ao lidar com o dinheiro

Os sete pecados capitais já foram tema de teses de doutorado e até de novelas. E estão presentes também quando o assunto são armadilhas financeiras.

1. Gula: é uma das campeãs quando o assunto é gastar dinheiro demais. Muita gente torra o que não poderia com festas, restaurantes e comida em excesso.

2. Luxúria: a pessoa se perde na farra, na sedução e nas bebidas.

3. Ganância: alguns querem ter mais do que os outros e acabam prejudicando inclusive a si mesmos.

4. Ira: alguns fazem compras em momentos de raiva, para se vingar de alguém ou para se autoafirmar.

5. Preguiça: certas pessoas não são produtivas e querem desfrutar dos resultados do trabalho de outros. Podem ser colegas de

trabalho, sócios, o cônjuge. Isso acontece também com herdeiros que passam o tempo gastando o dinheiro que outra pessoa gerou.

6. Soberba: ao receber uma promoção na empresa, alguns se sentem superiores a outras pessoas. Há empresas que vão à falência pela soberba dos donos, que deixam de buscar ajuda ou se sentem muito maiores do que são.

7. Inveja: os invejosos gastam o que não podem para ter o que outras pessoas têm, fazer as mesmas viagens, usar as mesmas roupas. Acabam acumulando dívidas por se comparar com os demais.

Agora escreva:

Você consegue identificar quais dos sete pecados capitais são mais perigosos para você?

_____

_____

_____

_____

_____

CONVERSE SOBRE DINHEIRO

Quem acha que o assunto dinheiro não é importante e finge que está tudo bem mesmo quando sabe que isso não é verdade acaba se perdendo.

Não aprendemos a falar sobre dinheiro. Vivemos em uma cultura que nos faz acreditar que é feio falar sobre isso. E dessa forma muita gente finge que tem dinheiro quando está completamente endividada. Não estamos acostumados a lidar com a verdade.

Fazer os registros diários nos aproxima da realidade e nos faz olhar para ela, sem ficar fazendo de conta que estamos bem quando não estamos.

Por medo de olhar para as contas, aquilo vira uma bola de neve e vamos acumulando dívidas. Mas chega uma hora em que as dívidas crescem, as cartas de cobrança aparecem e tudo fica ainda pior.

Todo mundo já enfrentou perrengues, mas não dá para esconder isso de si mesma e fingir que nada está acontecendo. Converse sobre dinheiro com você mesma. Para que as contas não saiam do eixo.

Agora escreva:

Registre aqui os dias e horários das reuniões com você mesma para tratar do assunto finanças pessoais.

_____

_____

_____

_____

_____

_____

_____

Escreva o nome de três amigas que podem ler este livro e te acompanhar nesta jornada para que ela fique mais prazerosa.

_____

_____

_____

CHECAGEM

Neste início de processo é importante fazer checagens toda semana. Lembre-se que é o momento de reorganizar sua vida, e as finanças são apenas a ponta do iceberg.

Conforme as semanas forem passando, você vai se sentir mais confiante com as ferramentas propostas no livro. Nunca deixe de verificar suas anotações.

A turbulência vai passar, e, mesmo que durante um bom tempo você ache que está difícil demais, continue. As vozes internas da sua cabeça vão te dizer que não adianta nada, que você é desorganizada mesmo e que nada vai mudar. Ainda assim, continue!

O vírus do medo vai te deixar cada dia mais preocupada se você não tomar essas decisões. E assumir o controle do seu dinheiro é a única maneira de superar esses medos.

Nesse processo, afaste-se de pessoas que não colaborem com esse seu processo, ou pelo menos feche os ouvidos para elas. Talvez elas se incomodem com a sua mudança porque não têm coragem de iniciar a própria.

Por falar em mudança, vamos avaliar a sua situação neste momento?

1. **Tem conseguido registrar tudo que gasta? Como tem sido essa experiência?**

_____

_____

_____

_____

_____

_____

_____

2. **Comentou com alguém sobre o processo? Essa pessoa te apoiou ou desencorajou?**

_____
_____
_____
_____
_____

3. **Nesta semana houve algum evento importante que mudou a rota dos acontecimentos?**

_____
_____
_____
_____
_____

4. **Pensou em desistir? Se sim, por quê?**

_____
_____
_____
_____
_____

CUIDADO COM OS INVASORES

Todos estamos sujeitos a armadilhas financeiras, aquelas ciladas que parecem tão óbvias e mesmo assim nos pegam de jeito.

Se estamos falando da organização de uma casa, ela pode ser alvo de invasores. São aquelas coisas que demoramos para perceber e que, quando vamos ver, já tomaram conta. Uma baratinha passa despercebida, e pouco tempo depois você descobre uma infestação dentro do armário. Ou aquela formiga chata que parece não fazer diferença, mas é apenas uma dentre inúmeras.

E os cupins? Você vê aquele pozinho e, se não tomar providências, pode perder um móvel por causa deles. Tem gente que chega a perder a casa.

Será que o acúmulo de parcelas é só uma formiguinha? A comparação com outras pessoas pode ser uma baratinha?

Ninguém consegue viver sem gastar dinheiro, e isso nem seria saudável para a economia. O problema é o consumo sem consciência.

Cada pessoa é mais vulnerável a um tipo de armadilha, por isso é importante conhecer as ciladas para saber como fugir delas.

Perigo no celular: a formiguinha

Parece pouca coisa, mas quando você percebe ela dominou suas contas.

Existem inúmeros perigos instalados no seu celular e você finge que não sabe. Receber uma propaganda de promoção no aplicativo de comida e fazer um pedido, abrir um e-mail do aplicativo de roupas importadas e clicar no link sem pensar. Passar horas enchendo o carrinho virtual com coisas desnecessárias só para aliviar o estresse do dia...

Já caiu em alguma dessas armadilhas?

95

A formiguinha é aquela situação que parece inofensiva, mas que pode te deixar assustado quando se revelar.

Um bom exemplo é o supermercado. Muitos deles colocam em oferta produtos que estão próximos da data de vencimento. Aí você compra um monte deles. Acredita que está fazendo economia, mas é uma armadilha, afinal você não vai ter tempo de consumir — e os produtos vão acabar estragando na sua geladeira!

Mesmo parecendo incríveis, algumas promoções só servem para sugar o seu dinheiro.

O sr. Marcelo vive caindo em armadilhas financeiras. Um verdadeiro caçador de promoções, ele percorre os supermercados em busca de ofertas e sempre comete exageros, comprando coisas que não compraria se estivessem no preço "normal". Da última vez, comprou mais de vinte escovas de dentes. Sem ter o que fazer com elas, começou a distribuir para os amigos.

"Mas estava tão barato."

Ele não só não economizou como fez um gasto desnecessário, já que as vinte escovas não tiveram utilidade na sua casa.

É preciso entender o limite entre o consumo e a armadilha do consumismo.

O nosso ponto fraco

Sempre fui uma poupadora, mas, quando tive filhos, comprava muito para eles e gastava além do que precisava. Não era consumo consciente, era consumismo. Dezenas de arquinhos para o cabelo, um par de sapatos de cada cor para um bebê que nem andava. Os filhos eram meu ponto fraco.

Comparação

A comparação pode ser aquele cupim quase invisível que acaba com tudo dentro de casa.

Essa armadilha é mais difícil de identificar: a necessidade de reconhecimento. Desde crianças sentimos o desejo natural de pertencer a grupos, porque somos seres sociais. É assim desde o tempo das cavernas.

Quando chegamos à adolescência, começamos a nos comparar com os demais. E continuamos fazendo isso na vida adulta. Comparamos nosso carro com o do colega de trabalho. A bolsa, a roupa, as viagens, os restaurantes... Como se fosse uma regra ter o mesmo padrão de gastos da outra pessoa.

O grande problema se apresenta quando a pessoa não enxerga o limite entre estar integrado e ter a vida financeira em ordem.

Qual o ponto-chave? A questão não é parar de gastar, mas ficar atento para não ultrapassar os limites. Você pode ser aceito pelo grupo tendo uma bolsa adequada. Entre estar bem-vestido e comprar uma roupa que está fora do seu teto de gastos há uma diferença.

É possível ser aceito pelo grupo sem ultrapassar os limites, mas também é incrível se libertar da necessidade de agradar os outros. Não se trata de dizer "dane-se todo mundo", porque geralmente não nos vamos nos sentir bem em uma cerimônia de casamento se estivermos vestidos para um dia na praia. Mas é possível se vestir bem com o que cabe no seu orçamento.

A falta de controle financeiro é uma praga que você demora para identificar, mas que pode comprometer muita coisa da sua vida.

Achar que sempre cabe mais uma prestação

Oitenta por cento das pessoas que atendi nas minhas mentorias financeiras achavam que gastavam menos do que realmente gastavam. Isso lhes dava a falsa sensação de ter a vida sob controle, quando na verdade estavam acumulando prestações.

Você precisa de um celular bom e não tem dinheiro? Antes de fazer mais uma prestação, dê uma olhada em casa. Quem sabe encontre algo que você possa vender para completar esse dinheiro.

Os vícios são os piores invasores. Eles entram sem pedir licença e dificilmente saem da sua vida sem serem arrastados.

Os vícios têm um poder gigantesco de fazer evaporar o dinheiro. Quando falo de vícios, me refiro aos mais comuns, como drogas, álcool e jogos. A pessoa que entra por esse caminho pode acabar com tudo na vida para sustentar sua compulsão.

97

Outros vícios são menos evidentes, mas podem tomar proporções perigosas, como a compulsão por compras. E o celular reforça o apelo, além de facilitar o acesso aos produtos. É preciso criar estratégias contra esse perigo.

Se você não consegue resistir à compra de roupas ou ao delivery de comida, por exemplo, desinstale os aplicativos. Isso vai impedir você de gastar no modo automático.

O planejamento também é importante quando falamos de dinheiro. Muitas pessoas se enrolam para pagar algo, e isso gera estresse e ansiedade.

Se você passou a vida inteira fazendo as coisas de um jeito, isso reflete a sua mentalidade, o seu padrão, mas é preciso começar a fazer diferente. Nem que você precise gerar um boleto para pagar para si mesma.

Um parcelamento a longo prazo também é uma grande armadilha. Até as compras de mercado podem ser parceladas em doze vezes. Mas pense bem: qual o sentido de parcelar suas compras se você vai voltar ao mercado já no mês seguinte?

As dívidas se acumulam. A armadilha é muito grande. Aqui no Brasil, o crédito está na sua mão. Muitas empresas parecem dispostas a te ajudar, mas elas também são uma armadilha.

Outra cilada são os contratos de serviço que fechamos por determinado período. Depois de um tempo o serviço não nos atende mais, mas não revemos o contrato nem avaliamos se aquele gasto está valendo a pena. O acúmulo de pagamentos é imperceptível, mas o seu dinheiro continua descendo pelo ralo. Isso acontece bastante com assinaturas de revistas, jornais ou aplicativos (e muitas vezes você nem lê os conteúdos que está pagando).

Conheço pessoas que acreditavam precisar de ajuda em casa diariamente, mesmo com os filhos estudando em período integral. Elas fizeram testes (por exemplo, contratando uma faxineira semanal) e perceberam que compensaria muito fazer um ajuste nessa rotina.

Agora escreva:

Escreva aqui quais armadilhas em que você já caiu ou que representam perigo para você. Atenção redobrada com elas! Esses invasores não podem entrar na sua casa.

_____

_____

_____

_____

_____

_____

_____

_____

DIÁRIO DE UMA ALUNA

A primeira vez que decidi registrar num caderno todos os gastos pessoais, quase tive um colapso. Eu não imaginava que gastava tanto, muito menos para onde ia todo o meu dinheiro. Eram despesas esporádicas que estavam se tornando cotidianas.

Percebi que eu era burra, porque pagava um convênio ótimo, mas fazia tratamentos particulares caríssimos com terapias alternativas. Não sabia o quanto gastava com gasolina e quase tive um choque ao somar as despesas mensais. As compras por aplicativo de comida também superaram todas as expectativas.

As contas mensais pareciam pequenas, por isso minha aflição ao começar a anotar não foi tão grande, mas os gastos variáveis comiam a maior parte do meu orçamento; eles eram na maioria das vezes previsíveis e facilmente evitáveis.

Quando a Aline disse que algumas pessoas literalmente "comiam" um carro por ano, eu acredito que estava falando a verdade. Só de comida os gastos eram absurdos, sendo que eu tinha uma funcionária em casa para preparar almoço e jantar. Ou seja: eu pedia comida de fora para satisfazer prazeres momentâneos.

Também tive um choque quando vi a somatória dos valores de celular, TV por assinatura, internet e serviços de streaming de filmes. Eu tinha literalmente a assinatura anual de todos eles e mal usava.

A faxina que começou com o registro me deixou aliviada ao invés de preocupada, porque pensei que seria impossível "limpar" toda a casa, mas foi exatamente o contrário: senti aquele alívio que a gente só sente quando a casa está perfumada e cheirosa depois de uma bela faxina. E olha que eu nem tinha começado a organizar as minhas gavetas!

"O cofre do banco contém apenas dinheiro; frustra-se quem pensar que lá encontrará riqueza."

CARLOS DRUMMOND DE ANDRADE

PARTE DOIS
ORGANIZAR

PERDAS E GANHOS

Quando iniciamos o processo de arrumar nossas finanças, surge um misto de sentimentos. Vem uma sensação boa de estar fazendo a coisa certa, mas também nos vemos frágeis e com medo, principalmente quando percebemos que vamos precisar realizar mudanças em nossas vidas.

Quero que você observe esses sentimentos com acolhimento. Eles fazem parte do seu processo de mudança.

Está com medo? Perceba o que ele tem a te dizer. Por que ele quer te parar?

O medo tenta nos paralisar, mas devemos olhar para esse sentimento sem brigar. Entender o que ele tem a nos dizer.

Já falamos bastante que assumir o controle das finanças é essencial para recuperar forças e estar no comando das escolhas na sua vida. Ao longo do livro temos brincado de detetives para diagnosticar o que há de errado com nossa forma de lidar com o dinheiro.

O que fazemos com nossas finanças reflete a maneira como estamos agindo em relação à nossa própria existência.

Agora que estamos iniciando a segunda parte, responda:

1. **Você conseguiu se organizar com o registro da sua renda e das despesas?**

_____

_____

_____

_____

_____

2. O que foi mais difícil para você: fazer os primeiros registros ou as anotações diárias?

3. Você viveu alguma emoção diferente durante essa análise?

4. Quais sentimentos ficaram mais evidentes para você quando começou o processo?

Sei o quanto é difícil viver esse processo de organização financeira, principalmente para quem já tentou outras vezes.

Talvez este não seja o primeiro livro sobre o assunto que você já leu. E as fórmulas mágicas que os influenciadores de finanças dizem funcionar nunca deram certo para você.

Eu também já passei por isso. Antes de me tornar educadora financeira, assisti a uma infinidade de vídeos e li muitos livros de finanças pessoais. Cansei de ver os gurus da organização financeira dizerem que para ter uma vida próspera era necessário viver com 50% da nossa renda.

Aquela conta não fechava para mim, e depois de muito tempo que entendi o porquê. Eles falavam do estilo de vida dos americanos, que vivem em uma realidade financeira bem diferente da que temos no Brasil.

Uma família brasileira com dois filhos matriculados em escola particular vai destinar grande parte da renda da casa para essa despesa. Nos EUA as escolas públicas são de qualidade, e a maioria das famílias não se preocupa com esse assunto. Elas investem dinheiro para pagar a faculdade dos filhos mais tarde. São universos e custos de vida diferentes, e a média salarial da população também não é a mesma do Brasil.

Isso não quer dizer que é impossível, neste país, viver com 50% do que se ganha. Alguns podem atingir esse objetivo. Hoje eu consigo organizar meu orçamento assim, mas durante muito tempo foi uma meta que parecia impossível.

Por isso sempre digo que é difícil definir uma fórmula única, igual para todas as pessoas.

É importante diferenciar a vida financeira de quem tem filhos e a de quem não tem. Muitas pessoas não os têm por escolha própria e não as julgo, mas a realidade é bem diferente para uma mãe — principalmente para a mulher brasileira, e mais ainda quando ela assume sozinha o sustento dos filhos.

Segundo pesquisas do IBGE, em 2015, o número de mães solo chegou a 11,6 milhões.[3] Esse número não inclui aquelas que, mesmo tendo um parceiro, assumem o sustento da casa e até mesmo de filhos adultos.

Como exigir que essa mulher se encaixe em uma fórmula perfeita enquanto ela trabalha, busca estudar para crescer profissionalmente, se desdobra nos cuidados com os filhos e a casa e ainda precisa ser a única provedora da família?

Não estou aqui para dizer que, se você não vive com 50% do seu salário, está fazendo tudo errado. Longe de mim esse julgamento. Estou aqui para te ajudar a deixar sua jornada mais leve, seja você uma mãe solo, uma mãe que tem alguém para dividir as responsabilidades ou uma mulher sem filhos.

---

3 VELASCO, Clara. "Em 10 anos, Brasil ganha mais de 1 milhão de famílias formadas por mães solteiras". *G1*, 14 maio 2017. Disponível em: <https://g1.globo.com/economia/noticia/em-10-anos-brasil-ganha-mais-de-1-milhao-de-familias-formadas-por-maes-solteiras.ghtml>. Acesso em: 19 jan. 2024.

A mulher trilha um caminho diferente na jornada com o dinheiro. Na maioria das vezes ela não é tão fria quanto o homem, por isso acaba tomando decisões impulsionadas pelas emoções. Uma mãe pesa todos os lados da balança e pensa nos filhos, nos pais e nos irmãos antes mesmo de pensar no próprio bem-estar.

É mais fácil economizar quando não você não tem filhos ou outras pessoas que dependam de você. As escolhas ficam bem mais simples, já que as decisões não impactam diretamente a vida de outras pessoas.

Vou dar um exemplo para ilustrar a realidade que muitas famílias vivem — e que vivi na pele quando criança.

Meus pais pagavam escola particular para nós. Éramos dois. Eles se esforçavam bastante para dar conta de todas as despesas da casa, e era comum ver meu pai com a calculadora em punho fazendo malabarismos financeiros.

Até que minha mãe engravidou novamente. A terceira gestação dela não foi planejada e pegou todo mundo de surpresa.

Eu mal sabia que minha vida mudaria tanto a partir de então. Eu os via cochichando antes de dormir. Estavam nitidamente preocupados. Morávamos num apartamento pequeno, teríamos que dividir o quarto para três crianças e então eles decidiram que precisavam de uma casa maior. Mas teriam que dar um jeito de conseguir pagar o terreno e construir a nova casa.

Além disso, teriam que pagar escola para mais um filho, e não estava fácil fazer isso tudo caber no orçamento. Até que um dia meu irmão e eu fomos informados da decisão: seríamos tirados da escola particular.

A primeira coisa em que pensei foi nos meus amigos da escola, já que eu convivia com eles desde os seis anos, mas esse seria apenas um dos desafios. Eu tinha onze anos, conhecia somente a realidade do meu mundinho, e a escola pública seria um universo completamente diferente daquele ao qual estava acostumada.

Ainda me lembro da sensação de entrar na escola nova... Totalmente perdida e assustada.

No Rio de Janeiro, nos anos 1990, a maioria das escolas públicas tinha estruturas precárias. Paredes pichadas, banheiros sem portas, alunos muito mais velhos porque haviam repetido de ano. Um contraste grande com o que eu tinha visto no meu outro colégio. Mesmo sendo simples, tínhamos um bom ambiente para estudar. Na escola pública era cada um por si.

Eu me sentia deslocada, não por ser diferente deles, mas por estar em um ambiente em que não sabia como me comportar. Além disso, estava assistindo a aulas com conteúdos que já havia visto no ano anterior. Foi uma das situações mais desafiadoras da minha vida até aquele momento.

Precisei me adaptar e, ainda criança, aprender sobre diferenças culturais e sociais. Precisei entender que aquela decisão dos meus pais não era reversível. Por mais que eu dissesse que a escola estava ensinando coisas que eu já sabia, que eu não gostava de lá, que as pessoas não gostavam de mim... Eles me mantiveram ali porque tinham outros planos, por exemplo, a construção de uma casa maior para a família.

Você sabe que os pais precisam fazer escolhas o tempo todo.

Os planos eram claros: meus pais precisavam construir a casa e dar uma vida mais confortável para nossa família, com seus cinco integrantes. Eu não fiquei satisfeita, não entendi a decisão, mas tive que aceitar. Mais tarde entendi que eles fizeram o que era melhor para todos. Pensaram no longo prazo, na construção de algo que traria um benefício muito maior do que pagar duas escolas particulares.

Acontece que muitos pais não têm a mesma coragem. Em situações como essa, por exemplo, sentem pena de tirar a criança da sua zona de conforto.

Quero que você entenda que, quando começa a organizar suas finanças, se depara com escolhas difíceis. Meus pais tinham clareza do que queriam; eles sabiam exatamente qual era a perda e qual era o ganho de tomar aquela decisão. E, com o seu orçamento em jogo, você vai parar diante das bifurcações da vida e ser obrigada a decidir.

Tenho certeza de que não foi fácil para eles ouvir a filha chorar dizendo que não queria mais ir para aquela escola, que estava com saudade dos amigos e que não estava aprendendo nada de novo. Mas quer saber? Eles fizeram de mim uma pessoa melhor ao não ceder aos meus pedidos, porque assim fui capaz de enxergar que em determinados momentos da vida não podemos estar onde queremos, e sim onde nossas condições financeiras permitem, até que possamos construir algo melhor.

O aprendizado que tive ali eu levei para toda a vida.

A vida seguiu, continuei na escola pública, me formei e conheci meu marido. Quando nos casamos, onde fomos parar? No velho e bom apartamento que meu pai tinha deixado para trás quando construiu a casa nova.

Ele não tinha vendido esse imóvel, então fomos morar lá depois de casados. Eu era jovem, cheia de sonhos, reformei tudo e me senti numa vida de princesa. O apartamento era perfeito para um casal.

Foi então que engravidei. E o inesperado aconteceu.

Se aquele apartamento era perfeito para um casal, quando entendi que uma criança estava por vir, percebi que não queria mais ficar ali. Você deve estar se perguntando o motivo.

A verdade é que o imóvel ficava em um bairro chamado Bonsucesso, próximo ao Morro do Alemão. Se você não conhece o Rio de Janeiro, vou te situar um pouco: o bairro fica no meio de uma zona de conflito. E sabe qual era o som que eu mais ouvia ao me deitar? Tiros de todos os lados.

Se aquilo não incomodava uma jovem recém-casada, incomodava uma mãe. Pode ter certeza de que eu não queria criar um filho pensando se ele ia ser atingido por uma bala perdida a qualquer momento.

Minha preocupação com os tiroteios era constante durante a gravidez, e precisei tomar uma decisão: era urgente sair dali.

Mas eu não pagava aluguel; morava no apartamento do meu pai. Então, o que fazer?

Angustiada, comecei a tentar encontrar uma solução. Momentos de decisão são difíceis, mas, a cada tiro que ouvia no meio da madrugada, eu acordava assustada imaginando o que faria para sair dali.

Até que um dia, com toda a franqueza do mundo, sentei diante do meu pai e propus uma solução:

— Pai, quero vender o apartamento e ir para outro lugar.

Ele me ouviu, e eu tinha a solução na ponta da língua: sabia que, com dois irmãos, não seria justo vender o imóvel e comprar outro só para mim.

— Eu queria comprar um terreno onde fosse possível construir uma casa para cada filho. Eu construo a minha casa e meus irmãos constroem a deles — foi o que eu falei.

Ele topou, mas meus irmãos também precisariam concordar com a decisão. Eles não se opuseram, e naquele mesmo dia coloquei o apartamento à venda.

Fui procurar um terreno que coubesse no nosso bolso. Dali para a frente teríamos que pensar em construir uma casa sabendo que enfrentaríamos dois tempos de espera: o da gestação e o da construção. E não teríamos onde morar nesse período.

Pagar aluguel estava fora de cogitação naquele momento, totalmente fora do nosso orçamento, já que precisaríamos poupar para investir na construção da casa.

O que fazer?

Você já deve ter deixado de tomar uma decisão por sentir que estava num beco sem saída. E pode ter certeza: nunca estamos.

Sabe a casa grande que meus pais construíram quando éramos crianças? Meus avós tinham ido morar nessa casa. E era um imóvel realmente grande para dois idosos. Foi aí que surgiu a solução: morar no segundo andar da casa dos meus avós enquanto a nossa estivesse sendo construída.

Percebeu que aquela decisão dos meus pais lá atrás trouxe benefícios até para o meu filho?

Quando conto que deixei um apartamento todo mobiliado e reformado para morar no segundo andar da casa da minha avó, algumas pessoas ficam chocadas, mas costumo dizer que quem entra em choque só pensa nos ganhos das transações. Temos perdas temporárias e privações em alguns momentos da vida. Faz parte.

Foram dois anos tocando a construção. Meu filho nasceu e continuamos morando na casa dos meus avós. Mas sabíamos que essa escolha nos aproximava do nosso sonho de ter uma casa num bairro seguro, onde não iríamos mais conviver com os tiros que vinham do Morro do Alemão.

A opção que fizemos não foi fácil, nem tudo era perfeito. Não tínhamos sequer uma cozinha, e precisei improvisar uma no andar de cima para não precisar usar a da minha avó. Não podíamos receber visitas a qualquer hora, porque morávamos no segundo andar da casa de um casal de idosos e estávamos com um bebê recém-nascido.

Mas tínhamos em mente que era algo temporário que nos levaria a um sonho maior.

Compramos o terreno no bairro de Vargem Pequena. Era uma região afastada do centro e bem mais segura. Foram dois anos de construção, e nos mudamos com a obra ainda inacabada. Mas a paz que eu pude ter sabendo que meus filhos não cresceriam em um ambiente com alto índice de violência recompensava todo sacrifício.

À medida que evoluímos financeiramente, conseguimos construir nossa casa com três andares, sala de jogos, banheira de hidromassagem e piscina. No entanto, nada disso era mais importante do que a segurança da nossa família.

A questão é que muitas vezes deixamos de fazer escolhas que podem nos favorecer no futuro porque estamos presos a dogmas ou a opiniões alheias. Estamos condicionados a ter a vida perfeita o tempo todo e não conseguimos entender que para nos organizarmos financeiramente ou rever nosso estilo de vida pode ser necessário enfrentar privações temporárias. Passei por isso quando meu pai nos colocou na escola pública e quando fui morar temporariamente na casa da minha avó.

A primeira coisa em que você deve pensar ao se organizar é o que vai perder e o que vai ganhar daqui para a frente quando tiver que colocar o lixo para fora.

Você vai fazer uma revisão na sua vida e olhar de verdade para o que tem dentro da sua casa. Agora que está registrando tudo, precisa decidir com coragem o que continua com você e o que vai embora.

A escola dos filhos ficou cara demais e não está cabendo no orçamento? É hora de repensar.

MOMENTOS DE DECISÃO EXIGEM CUIDADO

Nunca temos certeza se tudo vai dar certo, lidamos com as incertezas o tempo todo, mas, quando tomamos decisões de forma impulsiva, sem avaliar as consequências, podemos colocar tudo a perder.

Já vi muitas pessoas errando a mão quando não observam os ganhos e as perdas de cada ação.

Conheci um casal que viu sua situação financeira apertar na época da pandemia. Sofrendo com a variação da renda, ficou impossível para eles arcar com as parcelas altas do financiamento do imóvel. Então eles começaram a se endividar, pediram empréstimos e fizeram de tudo para continuar pagando. O resultado foi que ambos sofreram danos na saúde mental, ansiedade, sobrecarga de trabalho para compensar a perda de renda e consequências psíquicas. Os atritos entre o casal aumentaram nesse período, porque o estresse dos dois cresceu absurdamente, e o endividamento quase causou uma separação.

Tudo porque tinham se comprometido com um financiamento e não queriam abrir mão dele.

O que fazer em uma situação dessa?

Pensar nas possibilidades.

1. Mudar provisoriamente para um imóvel menor para diminuir custos e alugar o imóvel financiado para pagar as parcelas dele?

2. Recorrer à ajuda de algum parente que tenha um imóvel desocupado e que possa emprestá-lo por um período, até conseguir retomar a renda?

3. Reduzir outras despesas e manter o custo mais alto da moradia?

Só seria possível apontar a melhor opção depois de analisar os impactos de cada uma delas na família. É por isso que essas decisões não podem ser tomadas ouvindo a opinião de parentes nem assistindo a vídeos no YouTube. Precisam ser analisadas com cuidado. Depois de definir a estratégia, o casal deve seguir em frente com ela sem culpar o outro caso as coisas não corram 100% como previsto.

O casal que eu conheci não parou para analisar o cenário e foi empurrando o problema para debaixo do tapete.

Decisões que têm impacto financeiro podem mudar o rumo da nossa vida, mesmo assim tem gente que assume uma postura de espectador da vida ao invés de ser o protagonista.

Uma coisa é dizer que vai parar de pedir comida pelo aplicativo e na semana seguinte já estar fazendo os mesmos gastos como se nada tivesse acontecido. Outra é olhar com responsabilidade para as despesas que quer assumir ou as mudanças de vida que vai fazer.

"Troco de carro ou não?" Vamos supor que você queira comprar um carro financiado e decida assumir sessenta parcelas do financiamento. Muita gente, na hora de tomar decisões como essa, usa as estratégias do senso comum. A primeira é pedir conselhos para parentes e amigos.

Você tem essa opção, e pode fazer isso. Mas muito cuidado nessa hora. Porque as pessoas vão te dar conselhos com base nas experiências delas, sem considerar a sua situação atual e futura.

Pedir opinião do marido ou esposa? Claro. Nesse caso nem é opinião, é decidir junto. E é importante que vocês dois estejam em sintonia, porque se um dos dois estiver com dificuldade o outro estará lá para apoiar e não para falar "Eu te disse que não ia dar certo".

Outra maneira que as pessoas usam para fazer escolhas é orar e pedir sinais a Deus. "Se chover, vou trocar o carro." Aí chove, a pessoa fecha o negócio e tempos depois se vê endividada. E sabe de uma coisa? Não adianta colocar a culpa em Deus. Quem tomou a decisão foi você.

Depois disso começa a "roleta dos boletos". Conhece? A pessoa pega várias contas que vão vencer e faz um sorteio para ver quais serão pagas e quais serão adiadas.

Como alguém pode ficar tranquilo vivendo desse jeito?

Conheci uma cliente que me contou que seu tio, muito bem-sucedido na vida, se enrolou de tal maneira com as decisões financeiras que passou a fazer a "roleta dos boletos" nos almoços de domingo. Ela olhava para aquela cena e não entendia a razão. Como alguém consegue rir e fazer brincadeiras com uma situação dessa, sem buscar solucionar de verdade o problema?

Todos nós precisamos aprender a fazer escolhas de um jeito consciente.

Vamos, então, às perguntas-chave que precisam ser respondidas antes de tomar uma decisão assertiva.

Agora escreva:

Pergunta 1: Essa decisão depende só de você? Se houver outras pessoas envolvidas, elas devem participar da estratégia.

_____

_____

_____

_____

_____

Pergunta 2: Já chamou os envolvidos na decisão para uma conversa?

_____

_____

Todos os que serão afetados devem estar envolvidos na tomada de decisão. E é preciso que haja liberdade para que todos sejam sinceros. Se não houver essa liberdade, as respostas serão artificiais, superficiais, e a decisão não terá sustentação.

Agora vamos para a parte prática. Suponhamos que você esteja pensando em comprar um apartamento. Pegue uma folha de sulfite em branco e coloque como título, no alto da folha, "Comprar um imóvel financiado".

Divida a folha em duas partes:
→ Situação 1: comprar o apartamento.
→ Situação 2: não comprar.

Agora, divida cada situação em duas partes:
→ Ganhos.
→ Perdas.

No quadrante de **ganhos**, você vai anotar o que **ganharia** ao financiar o apartamento ou ao não financiar.

No quadrante das **perdas**, anote as **perdas** que teria ao fechar esse contrato, ou ao não fechar. Exemplo:

Situação 1 – comprar o apartamento

GANHOS	PERDAS
→ Ter um imóvel próprio → Liberdade → Patrimônio → Deixar o apartamento do nosso jeito	→ Prestações para pagar por muito tempo → Redução do dinheiro para o lazer

Analise com cuidado cada quadrante, respondendo o que mudaria na vida da família, positiva ou negativamente, dependendo da decisão que vocês tomarem: comprar ou não comprar o imóvel?

O impacto de ter uma dívida alta para pagar e de precisar reduzir os gastos com o lazer é menor ou maior do que o benefício de construir seu patrimônio e poder decorar sua casa do seu jeito, além de não se preocupar com o aluguel?

Não existe decisão certa ou errada. Cada um vai tomar a sua.

Depois disso, você precisa saber exatamente quanto o apartamento financiado vai custar.

Imagine que a prestação seja de mil reais. É só isso que o novo imóvel vai custar? Não. Ainda tem condomínio, IPTU, manutenção do imóvel. Precisa contabilizar tudo.

Lembre-se que, para avaliar o impacto no seu orçamento, você não pode se basear apenas no custo mensal das parcelas, mas nos esforços e renúncias que vocês vão fazer para dar conta desse compromisso, enfim, nos impactos que sua decisão terá a curto, médio e longo prazo.

Antes de tomar decisões impactantes como essa, precisamos analisar todos os detalhes. Olhar para eles em uma folha de papel, lado a lado, permitirá que você avalie as perdas e os ganhos e a ajudará a decidir com mais consciência.

É mágico ter esse domínio, porque você lida com a vida real.

Faça esse exercício agora trabalhando com uma decisão real em relação às suas finanças.

Pode ser um aluguel que esteja pesando demais no orçamento (Permanecer com esse contrato ou mudar de casa? Renegociar com o proprietário?), um carro parado na garagem (Manter ou vender?), uma escola mais cara do que você pode pagar (Manter as crianças nela ou trocar?). Enfim, olhe para os seus registros e veja onde estão seus maiores desafios para fazer caber tudo no orçamento e ainda sobrar dinheiro para investir e realizar seus objetivos.

Perceba que sempre existem no mínimo dois caminhos para cada problema. O que você precisa fazer é analisar qual deles vai te trazer o maior benefício e as menores perdas. Dificilmente uma escolha vai trazer só ganhos, não se iluda. A renúncia faz parte. A questão é ter clareza de quais serão os desafios que você vai enfrentar.

Cuidado com a influência das redes sociais nas suas decisões financeiras

Vivemos em um mundo altamente conectado. Hoje muitas pessoas ganham dinheiro (e bastante) com a influência que exercem nas redes sociais, e, para manter cada vez mais pessoas acompanhando diariamente suas postagens, os influenciadores precisam criar uma "vida perfeita".

Roupas, bolsas, carros, viagens... Tudo é minimamente calculado para atrair mais seguidores, mais visualizações, mais parceiros comerciais.

Enquanto isso, do outro lado da tela, a realidade: uma mulher de verdade, que não acorda maquiada, não tem dinheiro para comprar uma coleção de bolsas de grife, que muitas vezes não dá conta nem de pagar o cartão de crédito e se sente uma derrotada por não viver uma vida perfeita como a das pessoas que ela segue na internet.

Muito cuidado com isso!

Além de acrescentar pouco na sua vida, o hábito de acompanhar rotinas que parecem perfeitas demais pode influenciar as suas decisões financeiras e levar você a assumir dívidas desnecessárias.

Minha afilhada, que tem dezoito anos, me contou que via diariamente os stories de uma mulher que tinha um heliponto em casa. Ela se deslocava para sua casa de praia em Angra dos Reis de helicóptero. Que vida perfeita!

Mas aqueles stories são apenas um recorte da vida dessa mulher.

Mesmo que tudo aquilo que é mostrado nas redes sociais seja real, ela precisa fazer escolhas diárias para bancar essa "vida de luxo". Sempre existem perdas nas decisões que não aparecem no Instagram. Além disso, existe a possibilidade de aquela situação não ser 100% real.

Se você perceber que as pessoas que segue estão te influenciando de forma negativa, estimulando você a comprar coisas de que não precisa ou te deixando mal por não ter uma rotina como aquela, pare de segui-las. Isso vai te trazer um bem enorme e você não sentirá falta.

Inclua um hábito mais saudável na sua vida no lugar de consumir o que está te fazendo mal.

Quais decisões você precisa tomar o mais rápido possível?

Você deve ter percebido nesta nossa conversa que vários aspectos da vida são influenciados pelas nossas decisões. Nossas escolhas financeiras são capazes de nos trazer benefícios e de nos criar problemas.

Agora, pegue o seu caderno e faça uma lista com as decisões que você está tomando para construir a vida que deseja.

Isso me lembra de uma piada. Tinham duas amigas conversando, uma delas pergunta: "Nossa, você está ótima! O que está tomando?". Ao que a outra responde: "Decisões!".

ESCOLHAS EMOCIONAIS E O BAND-AID NA FERIDA ABERTA

A pior escolha que podemos fazer é a "escolha burra", que nos deixa em uma situação mais embaraçosa do que antes.

Vejo muitas pessoas ensinando a calcular o custo com um carro, por exemplo, com base nas despesas com manutenção, IPVA, combustível, seguro, estacionamento etc. Diante de tantos gastos, elas recomendam vender o veículo. Como se essas fossem as únicas variáveis importantes a serem analisadas. Esse pessoal não conta que a venda do carro pode alavancar perdas maiores.

Como assim, Aline?

Eu tenho dois filhos. Preciso levar e buscar na escola todos os dias, e o carro sempre foi essencial para essa rotina. Quando eles eram pequenos, viviam ficando doentes, tinham febre de madrugada. Imagine ter que chamar um carro de aplicativo para levar a criança ao hospital e ver o motorista cancelando a viagem seis vezes. Esse seria o preço, que no caso é muito mais alto que o custo de manter o carro e ter a tranquilidade e conforto para a família.

Consigo fazer uma analogia parecida com o apartamento onde eu morava, perto do Morro do Alemão. Era legal não pagar aluguel. Ao mesmo tempo, meu coração não ficava tranquilo em nenhum momento, porque eu não sabia de onde poderiam vir os tiros. Então, não valia a pena.

Temos que considerar todas as variáveis, tomar as decisões com base nas nossas escolhas e bancar essas escolhas, mesmo que elas desagradem alguém.

Precisamos levar em consideração duas coisas:

1. Estou administrando meu dinheiro da forma certa?
2. Estou buscando aumentar minha renda para poder viver o que desejo?

Quando organiza sua vida financeira, você libera espaço para as coisas mais importantes, eliminando o que está só ocupando um lugar na sua conta. Você vai perceber também que pode estar faltando espaço para aumentar o seu "capital pessoal".

Capital pessoal é o seu valor e a quantidade de renda que você é capaz de gerar.

Conheci centenas de mulheres incríveis que não conseguiam aumentar sua renda porque não reconheciam o próprio valor e o valor do seu trabalho.

Elas valorizavam o trabalho dos outros, mas na hora de cobrar parecem ter "pena" de quem iria pagar.

Uma história em especial me chamou a atenção. Uma mulher que conheço trabalha como babá. Ela é incrível. Tem três filhos, trabalha a semana toda e nos fins de semana faz extras para complementar a renda. Agindo desse jeito, esticando o que dava para esticar, as contas acabavam fechando.

Acontece que, mesmo sendo organizada e fazendo de tudo um pouco para sustentar os três filhos sozinha, chegou um momento em que a conta não estava mais fechando. Então a mulher começou a pedir dinheiro emprestado para pessoas próximas.

Ela estava tentando colocar um band-aid na ferida aberta.

Por sorte, uma amiga a alertou:

— Querida, por que você não pede um aumento?

A mulher nem sabia como levar esse assunto aos patrões. Eles tinham acabado de se divorciar e ela se sentia muito necessária nesse momento, mesmo tendo recebido uma proposta para ganhar mais trabalhando com outra família.

Perceba que, mesmo sabendo do valor que gerava para a família e da importância do trabalho que ela realizava, essa mulher não conseguia reconhecer o próprio valor. Ela pensava mais nos contratantes do que nela mesma.

Isso é muito comum, e limita a vida de muitas de nós. Elas são dedicadas, sabem que são importantes no trabalho que realizam, mas não conseguem associar o valor gerado ao ganho financeiro. Preferem se endividar e buscar todas as rendas extras possíveis a pedir um aumento e correr o risco de ser mal-interpretadas.

Os homens conseguem agir com mais frieza quando o assunto é dinheiro. Se existe a possibilidade de um ganho maior em outra empresa, eles analisam os números e decidem.

A mulher se conecta mais emocionalmente com o trabalho e pode decidir ficar onde pagam menos, porque quer se manter fiel a quem a "ajudou". E não estou dizendo que isso seja ruim, mas ter consciência desse cenário pode te ajudar a aumentar a sua percepção de valor.

E foi o que ela fez. Avisou os patrões de que precisava conversar, explicou que estava com dificuldades financeiras, mostrou a importância do trabalho que fazia ali ao longo dos anos e pediu um aumento.

E os patrões concordaram de imediato. Acharam mais do que justo aquele pedido.

Ufa! Imagine se ela tivesse continuado com o problema sem buscar a solução?

Se você tem um problema e identifica que o dinheiro não está sendo suficiente para cobrir suas despesas, é necessário observar o que está acontecendo. Será que o seu caso é parecido com o dela?

Não adianta usar o limite do cheque especial, fazer empréstimo consignado, pegar dinheiro emprestado com a mãe para cobrir despesas básicas de custo de vida. Porque no mês que vem você terá mais despesas. Você precisa enxergar que o problema é real e que tem que aumentar sua renda.

Não sou do tipo que ensina que a solução para as dificuldades financeiras é cortar tudo. Porque chega uma hora que não tem mais onde cortar. Apenas reduzir despesas não vai salvar sua vida; você precisa aumentar sua renda. E, para isso, é necessário reconhecer o seu valor.

É como tentar colocar as coisas todas empilhadas na sala. Não vai caber. Você precisa de uma casa maior. Depois que se mudar para essa casa maior, precisa manter o controle para não a encher de móveis desnecessários mais uma vez e voltar para o mesmo sufoco.

Isso quer dizer que você precisa buscar aumentar a sua renda e manter o custo de vida anterior. Isso vai te trazer uma "folga" financeira para criar a sua reserva e realizar seus sonhos.

A maioria das pessoas busca um aumento mas, quando ele chega, cria novas despesas. O desespero para a conta fechar continua e a paz nunca vem.

Você é dona do seu dinheiro quando você consegue fazer caber tudo no seu orçamento e ainda ter dinheiro sobrando para outras coisas.

Agora escreva:

Aproveite este momento para pensar em como você pode aumentar sua renda. Não se limite! Faça um exercício de pensamento livre e escreva o que vier à mente. Algumas ideias podem não ser possíveis neste momento, mas tenho certeza de que outras são viáveis para o futuro.

Ideias para aumentar minha renda:

_____

_____

_____

_____

_____

_____

A construção de uma nova história e de uma nova fonte de renda

Criar uma fonte de renda não é fácil. Construir uma nova história sem dinheiro é mais desafiador ainda. E foi o que aconteceu comigo quando vendi minha escola e não recebi o valor da venda. Fiquei literalmente sem dinheiro. Já tinha usado minha reserva pessoal para construir salas novas na escola, tinha dado meu carro em garantia do empréstimo para a reforma e decidi mudar de carreira confiando nas parcelas da venda do negócio, que não foram pagas. Eu não tinha mais reservas, não podia vender o carro, estava começando um negócio novo, que era a consultoria financeira online, e só tinha um elemento: a fé em Deus e em mim mesma para conseguir sair do fundo do poço depois da transação malsucedida.

Aquela Aline salvadora tinha ficado lá atrás, enterrada nos escombros do passado. Ela não ficava mais fritando minha mente dizendo que eu deveria salvar o mundo. Era hora de me salvar.

Mesmo sabendo que meu pai não via nenhum futuro ou garantia naquele novo empreendimento que era eu comigo mesma, continuei confiante.

Você pode pensar: "Mas ela é adulta e ainda precisava da aprovação do pai?". Pois é, a maioria de nós ainda cai nesse tipo de armadilha quando começa algo novo. Ficamos reféns da opinião de pessoas que são importantes para nós e às vezes deixamos de fazer o que queremos se ouvimos a desaprovação de alguém. Eu não queria decepcionar meu pai, e também não queria prejudicar meus filhos.

Meu pai não entendia bem o que eu estava fazendo. Ele não via nada palpável, não sabia o que era uma consultoria e aparecia na minha casa nas horas em que eu estava trabalhando online — muito antes de a pandemia surgir, quando o trabalho remoto ainda não era tão comum. Quando eu dizia que não podia ficar com ele porque ia trabalhar e corria para o computador, percebia que ele não estava entendendo. Na verdade, meu pai só compreendeu aquele conceito novo de atendimento online quando expliquei que eram "aulas" de finanças.

A verdade é que era um momento completamente novo na minha vida. Um recomeço do nada e a criação de algo que só existia na minha cabeça.

Decidi então focar a construção do meu novo negócio. Sozinha, sem dinheiro e sem apoio das pessoas mais próximas.

Muitos disseram que trabalhar com internet não traria futuro, que era melhor eu voltar a advogar. Mas eu estava confiante que tinha descoberto a minha missão e faria o que fosse preciso para dar certo.

Comecei a fechar com os primeiros clientes de mentoria financeira e a receber por isso, mas precisava investir em cursos, treinamentos e material para acelerar meus resultados. Eu estava começando uma nova carreira.

Nesse período precisei tomar decisões e fazer cortes de gastos. Parei de comprar roupas, deixei de trocar de carro, paramos de comer fora e comecei a reinvestir o dinheiro em treinamentos para me tornar uma educadora financeira profissional. Quanto mais capacitada eu ficava e via meus clientes tendo bons resultados, mais eu podia cobrar pelos meus atendimentos.

E assim, com muito estudo e prática, em seis meses eu já consegui ter uma renda para me manter. Estava longe ainda do que eu queria ter, mas, com todas as reduções que tínhamos feito em casa, já era possível cobrir as despesas com as mentorias que eu fazia.

Só que eu não queria ter dinheiro apenas para pagar contas; eu estava comprometida a construir uma nova história de abundância financeira para mim e para minha família.

Continuei estudando, me aperfeiçoando e buscando formas de escalar o meu trabalho como educadora financeira ensinando mais pessoas e aumentando a minha renda.

Foi aí que as duas pontas da história se juntaram mais uma vez e eu criei uma escola. Não mais para crianças: eu iria ensinar educação financeira para adultos e, a partir da minha história de vida e da descoberta da minha missão, trabalhar para deixar um legado no mundo.

Sozinha, criei minha primeira turma de alunos usando o marketing digital. Era uma turma-teste com seis alunos. Depois que o método foi validado, continuei, e na segunda turma já foram 53 alunos inscritos.

As coisas começaram a funcionar, e a escola de cursos e treinamentos online começou a crescer. Meu marido fechou sua agência de comunicação visual e veio trabalhar comigo. Nossa escola começou a tomar forma e continuou a crescer.

A trajetória não aconteceu do dia para a noite. Foram três anos trabalhando com mentorias e consultorias individuais até criar minha escola de cursos online. Muitas vezes eu via o dinheiro entrando só para pagar as contas. Os gastos eram sempre mínimos, bem controlados. Mas eu sabia que estava construindo algo que me traria a liberdade profissional e financeira que eu sempre busquei.

Todas as dificuldades financeiras que eu enfrentei me prepararam para cumprir minha missão. Nessa transição eu me tornei uma mulher que sabia pensar em dinheiro do jeito certo. A virada de chave foi perceber que o dinheiro é o recurso que faz a roda girar.

Sem dinheiro, eu não tinha conseguido manter a escola infantil. Eu nunca seria capaz de manter os funcionários, a minha casa, viver as experiências que sempre sonhei; não teria conseguido escrever este livro. O dinheiro, como eu disse, é um recurso que faz a rodar girar, não é um vilão.

Tenho alunos que hoje são educadores financeiros, prestam consultoria e têm pena de cobrar dos seus próprios alunos que estão endividados. Eu digo "Cobrem!". Afinal, o dinheiro que essas pessoas vão investir é o que vai fazê-las parar de pagar juros para o banco. É melhor que elas encerrem esse ciclo.

Encarar a situação faz as pessoas perceberem seus comportamentos repetitivos.

No meu caso, o comportamento repetitivo era o de querer salvar o mundo. Eu gastava meu dinheiro tentando agradar todo mundo, e consegui romper esse ciclo.

Enquanto escrevo este livro, estou planejando minha viagem de fim de ano para Paris com meu marido. E percebo que há algum tempo eu jamais seria capaz de viajar sem meus filhos. Me sentiria culpada por gastar com algo importante para mim sem estar com eles. E desta vez não vou levá-los pelo simples fato de que eles preferem não ir.

A Aline de anos atrás escolheria outro lugar só para agradá-los. Já a Aline de hoje sabe que vai voltar uma mãe muito melhor, mais feliz, mais segura de si e que vai deixar um exemplo para os filhos: o de que é possível e legítimo realizar os próprios sonhos. Eu não preciso renunciar aos meus sonhos para agradar todo mundo sempre e esquecer de mim.

Essa é a lição que quero deixar para eles.

Agora, responda para você mesma:

Em algum momento da sua vida você já se colocou no papel de "salvadora" de alguém ou de uma situação e teve perdas financeiras por causa disso? Costuma colocar as necessidades dos seus filhos acima das suas?

Qual foi a última vez que fez algo por você?

Defina AGORA um objetivo pessoal que você vai realizar sem se preocupar com a opinião dos outros.

_____

_____
_____

_____

A CONTA NÃO FECHA

Quando falo que a conta não fecha, não me refiro apenas aos custos. Você tem que lidar com a realidade e enxergar tudo que está dentro da casa. Tem que enxergar a sua vida.

Adianta pegar mais trabalho e ficar culpada por não estar perto dos filhos?

Adianta colocar a criança na melhor escola do bairro e se matar para pagar, sendo obrigada a conviver com o burnout?

As escolhas emocionais nos levam a isso. Um estado de tensão constante causado por pensar em todo mundo, exceto em nós mesmas.

Já vi muita mãe com o discurso: "Eu quero o melhor para meu filho porque não tive o melhor". Mas vamos ser sinceras: uma coisa é mudar de casa porque existe um risco real de o seu filho ser atingido durante um tiroteio. Outra coisa é manter a criança numa escola porque você acredita que ela é essencial para a formação dele.

Muitas mulheres chegam nos meus cursos com o seguinte discurso: "Vou fazer das tripas coração para pagar essa escola, porque ele merece!". Ok, ele merece, mas a que custo?

Será que seu filho prefere ficar um dia inteiro com você no final de semana assistindo desenho na televisão ou te ver só de vez em quando, sempre estressada, com medo e tensa?

Será que esse volume de trabalho extra está compensando? Ou você precisa pagar massagista, acupunturista, remédio para dor e vive doente?

"Das tripas coração" pode parecer bonito na teoria, mas na prática é algo que te deixa absolutamente cansada. E uma mulher cansada não rende no trabalho, muito menos na vida familiar. A carga de estresse é tão forte que reflete em outras áreas da vida.

Essa mulher vira uma bomba-relógio. Quando as pessoas dizem "Trabalhe enquanto eles dormem", eu digo o contrário: o repouso é fundamental para a sua saúde. E nós merecemos respirar. Por isso é importante se organizar financeiramente, para não passar a vida nessa corrida insana atrás de dinheiro só para pagar o básico.

Eu estou cansada de ver mulheres seguindo falsos gurus na internet que pedem que elas sejam mais produtivas, que não durmam, que incluam um monte de tarefas insanas em sua rotina. Pessoas que não levam em consideração o lado emocional dos outros. Que não entendem como nos sentimos quando estamos em débito com nossos filhos.

A conta não fecha se você tiver esse débito com eles. A sua consciência vai pesar tanto que você vai encontrar inúmeras maneiras de compensá-los pela sua ausência.

Tem um livro fantástico chamado *A sociedade dos filhos órfãos*, de Sergio Sinay, que fala exatamente sobre isso, a terceirização da maternidade e da paternidade. Os pais que vivem comprando coisas para suprir a ausência e a distância.

Tenho uma amiga que se matava de trabalhar para pagar a escola das filhas e na volta das viagens comprava presentes na loja do aeroporto (que por sinal é caríssima) para compensar a culpa pelo tempo que passava fora.

A mãe que vira a noite trabalhando vê a balança pesar para o outro lado, e isso precisa ser ponderado.

A escola pode até ser boa, mas você não tem casa própria e precisa pensar em ter uma. Pondere antes de tomar uma decisão. Porque as decisões tomadas apenas com base nas emoções, do tipo "Ah, mas meu filho não vai se adaptar na escola pública", são uma roubada.

Eu me adaptei. E estou aqui para contar a história. Tive uma adolescência difícil longe dos amigos de quem gostava, mas conquistei outros, vivi outra realidade, e tudo isso fez parte da construção da minha história.

Não adianta pagar o melhor colégio e não ver os filhos crescerem.

O mantra deve ser: "Não posso pagar isso agora, mas posso fazer meu melhor neste momento". E ponto. A organização financeira é isso. É olhar cada item dentro da casa e ver o que cabe ali.

Não dá para manter um piano no meio da sala se não couber o sofá.

"Ah, mas meu filho não vive sem o piano." Pois é. Mas vão viver sem um sofá?

As escolhas devem ser conscientes, e desagradar os filhos é necessário de vez em quando. Se as emoções falarem mais alto vai ser difícil para todo mundo.

Decisões puramente emocionais custam caro. Custam nossa saúde. Física, mental, emocional.

É dessa conta que não fecha que estamos falando. E é isso que eu quero que você aprenda de uma vez por todas a organizar sua vida financeira.

Reflita um pouco agora: Quais são seus maiores prazeres? Você gosta de cozinhar, de bordar, de andar de bicicleta? Conecte-se com essas atividades a partir de agora para ter mais sentido em sua vida. Organizando sua vida financeira, você vai ter tempo para fazer o que gosta.

O que vou substituir, o que vou reduzir e o que vou cortar?

O sofá está grande demais para a casa? Substitua por um menor. Não precisa ficar sem sofá. Se há cinquenta copos dentro do armário da cozinha, você precisa diminuir a quantidade, porque não recebe tanta gente na sua casa. Esses copos vão sair para liberar espaço. Sempre pensando em liberar espaço para conseguir respirar. Uma casa cheia demais traz uma sensação de "Não cabe, não estou dando conta".

A parte prática desta etapa do nosso livro é: "Registrei tudo e agora vou fazer uma listinha do que preciso substituir e do que preciso cortar no meu orçamento".

Você deve conhecer alguém que tem academia no condomínio e paga mensalidade para treinar em outro lugar, onde por sinal usa os mesmos aparelhos que tem em casa.

Ou então aquela pessoa que paga uma tarifa alta para o banco sem usar os serviços a que tem direito. Você precisa saber se está usando os benefícios pelos quais paga. Se usa os benefícios do banco, tudo bem. Se usa as milhas do cartão, a sala especial do aeroporto, os benefícios do restaurante, tudo bem. Ou a assinatura para ter desconto no cinema. Para quem usa, pagar por tudo isso vale a pena. Mas o que acontece geralmente é que as pessoas nem usam as milhas. A pessoa nem viaja e acha uma vantagem ter milhas.

Se você é uma pessoa que é mais prática no quesito "só uso banco para pagar contas", vale a pena mudar para um banco digital ou negociar as tarifas com o banco atual. Só não pode pagar sem avaliar. Tem tarifas bancárias que consomem mais de mil reais por ano. Se você não usar, elas estão só ocupando espaço.

Sabe aquele multiprocessador que você acha lindo? Ele é incrível mesmo, mas você não sabe usar. E ele só ocupa espaço. Quando comprou, você jurou que iria fazer suco e sopa todos os dias.

Pode ser que para alguma família aquilo seja útil, mas para a sua não é. Com a tarifa bancária acontece a mesma coisa.

Se estamos organizando as suas gavetinhas, precisamos observar o que está cabendo e o que não está.

O que podemos substituir?

Tem gente que se muda para um prédio que tem piscina, sauna, academia e paga uma fortuna de condomínio. Quantas vezes por semana essa pessoa usa a sauna? Quase nunca usa, mas ela está ali na ilusão de que precisa disso. Será que não é melhor escolher um imóvel com taxa de condomínio mais barata?

Hoje moro perto da praia num condomínio sem infraestrutura. Meus filhos não querem piscina; eles querem surfar. Para que vou pagar por coisas que não vou usar?

Escolher levando em conta o seu estilo de vida é o que vai mais fazer sentido. Não se deixe influenciar por uma sociedade em que todo mundo quer ter o que o outro tem.

Será que isso tudo cabe no seu orçamento e na vida que você quer viver?

Você pode aproveitar a piscina do prédio em determinado momento da vida, mas depois passa a não a frequentar mais. E é preciso entender que as necessidades mudam.

Isso só se percebe depois do checkup financeiro. Foi para isso que registramos tudo e percebemos o que estamos gastando e onde.

Quando fiz esse registro pela primeira vez, vi que pagava quinhentos reais de TV por assinatura e consegui reduzir a mensalidade para 150. Eu tinha colocado um ponto em cada canto da casa, e acabei percebendo que não precisávamos disso.

Também temos aquela mania herdada das nossas mães de perguntar "E se um dia precisar?". Tenho uma amiga que ganhou uma churrasqueira elétrica quando se casou e colocou dentro daquele armário que fica em cima da geladeira (sabe aquele que nunca abrimos?). Aí ela guardou aquilo durante dez anos, achando que um dia usaria. Quando mudou de apartamento, levou a churrasqueira para a nova casa: "Ah, agora vou usar".

Acontece que, se ela já não usava fazia dez anos, a probabilidade de usar na casa nova era muito pequena. E foi o que aconteceu. Ela não usou e na mudança seguinte percebeu que aquilo era uma tralha.

Isso acontece quando organizamos as gavetas dos nossos orçamentos. Percebemos que existem coisas que achamos que vamos "usar um dia", mas nunca utilizamos.

Quando resolvi mudar de carreira, precisei reduzir os gastos. Por isso, vendemos um dos carros e ficamos apenas com um carro para a família toda. Nossa casa ficava em um lugar distante da cidade e não tínhamos fácil acesso ao transporte público, mesmo assim optamos por reorganizar a rotina da família e usar o dinheiro do carro para investir na minha mudança de carreira. Foi uma decisão difícil. E se precisássemos desse carro?

Mas eu ia trabalhar em home office.

Mesmo assim, o carro nos ajudava nos deslocamentos. Foi tão difícil tomar essa decisão que você nem imagina. Mas tem coisas que a gente acha muito importante e depois percebe que não fazem falta.

Na sua lista, você vai acabar descobrindo que paga seguros de vida de que nem lembrava. Que tem um monte de cartões de crédito e achava que precisava de todos, mas não faz esse controle. Cartão de loja de roupa, de supermercado. São as "churrasqueiras elétricas" escondidas nos lugares onde não mexemos.

Além de vender o segundo carro, tínhamos cortado os restaurantes. Estávamos acostumados a dar uma volta no shopping nos fins de semana para tomar um lanche, comprar coisinhas. Aos domingos, saíamos da igreja e íamos almoçar fora. Era um ritual. Mas naquele período eu precisava investir no meu aprimoramento profissional, então fizemos um combinado de cortar esse tipo de gasto. Foi uma decisão de família, que todos aceitaram.

Passamos a comer sempre em casa. Durante a semana eu comprava coisas gostosas para o lanche de sábado e domingo. E, como o costume envolvia outras pessoas, para não quebrarmos essa conexão com os amigos, combinamos de lanchar juntos.

Para os meus filhos não era um sofrimento. E, no fim das contas, eles não só se acostumaram como hoje preferem comer em casa. Percebe que não precisa ser sofrido?

Você já registrou tudo que ganha, tudo que gasta, quanto entra e quanto sai por mês. Também já anotou quais são suas dívidas, certo? Agora, então, vamos descobrir o que pode ser substituído, reduzido ou cortado.

TÔ RICA! TÔ POBRE!

Quem não tem renda fixa sabe que os ganhos são imprevisíveis. E isso deve estar previsto no orçamento. O controle não pode ser para ficar no zero a zero. Tem que sobrar dinheiro.

Mas como fazer sobrar se não tem nem como pagar as contas? É preciso reduzir os gastos.

Agora escreva:

Você já sabe fazer escolhas que não são emocionais e registrou tudo, e entende as perdas e ganhos de cada decisão. Então, vamos falar com frieza sobre os seus gastos. Anote tudo aqui:

Despesas que você vai cortar:

_____

_____

_____

Despesas que você vai reduzir:

_____

_____

_____

Despesas que você vai substituir:

_____

_____

_____

Dicas:

1. Coloque um prazo para essas mudanças. Não precisa ser para sempre.

2. Cuidado redobrado com as coisas mais valiosas. Pergunte para cada membro da família o que é mais importante para eles. Anote o que é mais importante para a família. Decidam o que não poderá ser cortado.

3. Acompanhe o ganho com a redução de gastos. Comemore de forma inteligente as conquistas.

4. Conseguiu 20% de redução? Comemore!

5. Formem um time. Vocês precisam jogar juntos para assumir o controle. Recrute jogadores para o seu time. Você é a líder, mas não faz nada sozinha. Reconheça o esforço de cada componente do seu time. Encoraje cada um nos momentos difíceis e dê suporte para eles nos momentos de crise.

Assumir o controle das finanças é assumir o controle do seu presente e do seu futuro

Você tem crenças relacionadas ao dinheiro?

Acha que pessoas com muito dinheiro são más? Acha que pessoas que não têm dinheiro se sabotam?

O que seus pais acham sobre o dinheiro?

O que você acha do dinheiro?

O que você faria se tivesse muito dinheiro?

O que o dinheiro causa?

Seu comportamento muda quando entra mais dinheiro?

Curar a sua relação com o dinheiro trará mais sentido à sua vida.

FIZ BESTEIRA. COMO VOLTO ATRÁS?

Tenho uma amiga que morava na cidade de São Paulo e se mudou para um município próximo. Ela queria outro estilo de vida. Comprou a ideia de "vida feliz" que algumas pessoas pregam, buscando paz e harmonia num lugar distante da agitação.

Já nos primeiros dias, sentiu um incômodo. Não sabia o que era. Estava na casa dos sonhos, num condomínio legal, a escola nova das filhas era exatamente o que ela queria, tinha uma horta para cuidar, ouvia os pássaros pela manhã. Mas começou a se sentir ansiosa.

Aquele sintoma foi se intensificando e ela não sabia o que era.

Até que percebeu que não estava onde queria. A ideia da vida perfeita do Instagram, num local bonito e distante de tudo, era maravilhosa nos finais de semana, mas minha amiga estava sofrendo em silêncio. Tinha feito aquela escolha pelas filhas. Uma escolha puramente emocional, levando em consideração apenas os ganhos. Não tinha equacionado as perdas.

Longe da família, dos amigos, da vida social de que tanto gostava, ela não via mais ninguém. E a única coisa que a prendia ali era o ideal de uma vida feliz, que era distante daquela realidade implacável.

Quando percebeu que tinha feito besteira, não sabia mais o que fazer. "Como posso voltar atrás agora, depois de toda essa mudança?"

Casa alugada, crianças na escola. Voltar para o apartamento onde tinha morado toda a sua vida? Ela tinha se mudado dele por acreditar que sempre quisera morar numa casa. Minha amiga entrou em colapso, mas depois disso percebeu que dava para voltar atrás. Sempre dá.

O problema é que nós, mulheres, temos medo de assumir que erramos em uma decisão. Que fizemos uma grande mudança e não ficamos felizes com o resultado.

E poucas de nós temos maturidade para entender e aceitar que podemos, sim, errar. Nesses casos, o melhor a fazer é pesar o prejuízo e assumir o controle da sua vida, em vez de estender a situação só para não ter que voltar atrás e dizer que foi uma escolha ruim.

Não é fácil fazer escolhas, mas precisamos exercer nossa condição de seres humanos. Não estamos apenas cumprindo um instinto de sobrevivência. É necessário ocupar nosso lugar no mundo.

Você sempre pode voltar atrás. O tempo todo você pode reorganizar a sua vida. Qualquer situação que custe a sua paz é muito cara. Se te deixa tensa, é muito caro.

Quando falamos sobre quanto custa um carro novo, estamos falando disso. Se trocar de carro te custa perder os fins de semana com seus filhos, custa muito.

Claro que você dá conta de pagar, mas, se custa tempo com seus filhos ou noites sem dormir, está caro.

Você dá conta sim. Mas a que custo?

Conseguir pagar é importante, mas *às vezes* a conta não fecha.

Agora escreva:

Quem nunca fez besteira que atire a primeira pedra! Escreva aqui a sua maior derrapada. Conte se você ainda é vítima daquela situação ou se conseguiu sair dela.

_____

_____

_____

_____

_____

_____

_____

VOCÊ É DONA DO SEU DINHEIRO QUANDO FAZ ESCOLHAS REAIS

Quando montei o método ROP, que significa Registrar, Organizar e Planejar, eu sabia que o momento era muito importante.

Ao planejar sua vida, a mulher entende que é possível adequar suas escolhas e sabe que não precisa dar conta de tudo no nível em que imagina. Ela entende que os filhos conseguem viver sem ter as melhores roupas, a melhor escola ou o melhor curso de inglês.

Ela para de ficar louca tentando dar tudo para os filhos.

Tentando dar o melhor para todo mundo e ficando com o resto.

O estresse pelo volume de trabalho acumulado a faz rever as prioridades e entender que mais importante que ter tudo isso na lista é o fato de poder respirar e dizer "As contas estão pagas".

Hoje, em qualquer roda de conversa, ouvimos pessoas dizendo que estão correndo feito loucas, que não param, que não têm tempo para nada. Dizer que todo mundo está correndo virou lugar-comum.

Mas o comum não é normal. É apenas comum. Se todo mundo está fazendo não significa que todo mundo está certo. Esse pessoal pode estar indo para o caminho errado.

É comum, mas não é normal viver para trabalhar.

É comum, mas não é normal estar culpada o tempo todo.

Por isso sugiro que você perceba se está puxando demais o elástico. E entenda que existe o ônus de certas escolhas.

Escolhi não levar tiro morando no meio do Morro do Alemão, e essa escolha me fez mudar para a casa da minha avó. Foi desconfortável por um tempo, mas foi o que possibilitou a construção da nossa casa.

As escolhas carregam consigo alguns ônus. Quando escolhi ficar na casa da minha avó, eu sabia que não era para sempre. Não ia passar o resto da vida ali.

As escolhas são difíceis, claro. Já contei que tive que improvisar uma cozinha ali, mas depois disso meu filho passou a morar por anos num bairro tranquilo onde nunca ouviu barulho de tiro.

A privação foi temporária, mas os ganhos foram permanentes.

Muitas vezes as pessoas vão te achar louca por causa das suas escolhas, mas a opinião dos outros é só a opinião dos outros, e não deve pautar a sua vida.

Agora escreva:

Você já foi chamada de louca por causa das suas escolhas? Escreva aqui. Fotografe a sua resposta e me marque no Instagram (@alinesoaper) para eu repostar.

_____

_____

_____

_____

_____

_____

_____

_____

A INFILTRAÇÃO

Você já deve ter ouvido falar sobre infiltrações. Geralmente elas acontecem quando a parede fica em contato com uma superfície úmida, como um cano quebrado. A água da chuva que cai diretamente na parede ou o mau posicionamento de telhas que faz escorrer água no teto pode causar infiltração.

O problema é evitável se você aplicar um impermeabilizante na parede, produto que serve como uma camada de proteção.

Quando falamos da sua vida financeira, o impermeabilizante que protege sua casa das infiltrações — que são as opiniões alheias tentando invadir seu espaço — são seus objetivos de vida. Quanto mais claros eles forem, quanto mais você fechar os ouvidos para o que as pessoas têm a dizer a seu respeito, mais protegida sua casa estará das infiltrações.

Há pessoas que insistem em deixar entrar a opinião alheia, mesmo sabendo que isso vai fazer mal para elas.

Essa situação pode acontecer quando, depois de ter registrado seus gastos, você está começando a se organizar. Daí ouve aquela voz externa que já invadiu sua mente (porque ela gruda na parede da nossa alma de verdade) dizendo que você deveria fazer diferente do que decidiu.

Imagine que você tenha optado por não trocar de carro naquele momento, porque é hora de priorizar outra coisa e a parcela do carro novo vai te custar os fins de semana. Mas as amigas insistem que você precisa trocar sim, porque seus clientes vão te respeitar mais.

Você sabe o que norteou sua escolha, mas as vozes externas não te deixam em paz. E você corre o risco de ouvir essas vozes e desrespeitar as suas decisões e seus motivos.

No fim das contas, o que vai pesar na decisão não é apenas o dinheiro. Você é quem paga o preço de tudo.

E entender como está sua vida é se organizar de todas as formas. Isso inclui pedir um aumento porque seu trabalho vale muito mais e você sabe disso. Você sabe que leva resultado para quem te contratou.

Organizar as finanças é reorganizar a própria vida. Mas é preciso maturidade e sabedoria para ajustar tudo isso.

Quando aumentei o valor da minha sessão de mentoria financeira, tive um acréscimo bem significativo na minha renda. Eu precisava cuidar da minha saúde física, não podia me concentrar apenas em gerar mais dinheiro. Só que, quanto mais clientes eu atendia, mais dinheiro fazia. Isso melhorava minha vida financeira, mas poderia me trazer uma série de outros problemas por priorizar apenas a carreira e os negócios, deixando sempre para depois as outras atividades.

Não é fácil escolher reduzir o ritmo de trabalho quando se está gerando muito dinheiro. Eu queria trabalhar cada vez mais.

Na minha mente, a infiltração dos mantras de gurus da internet já era grande.

"Vou correr na praia uma hora por dia." Era minha meta de retomada do cuidado com o corpo, mas, enquanto estava correndo na praia, minha mente ficava martelando: "Você poderia estar atendendo mais um cliente a esta hora em vez de estar aqui correndo".

Veja bem: eu estava fazendo algo para mim, em meu benefício, mas estava tão condicionada ao discurso de ganhar dinheiro e ser produtiva que me sentia culpada por não estar trabalhando.

A infiltração é exatamente isso. Essa voz que entra na sua cabeça sem que você peça. Essa opinião alheia que te invade e parece ser sua. Mas não é.

Pode ser também a voz de uma pessoa próxima, alguém da família que insiste em dar opinião sobre o que você deve ou não fazer.

Fui percebendo essas infiltrações em várias situações da minha vida.

Eu não assistia a filmes ou séries que não tivessem relação com meu trabalho. E acreditava que o tempo em que não estava trabalhando era improdutivo.

Aprender a equilibrar os momentos de dedicação ao trabalho com o lazer não é simples, mas é muito necessário. É preciso entender que não é só o dinheiro que está em jogo.

Nossa vida tem muitas dimensões, e várias situações precisam de atenção. Você pode até se tornar uma máquina de fazer dinheiro e ficar muito boa nisso, mas sem equilíbrio o seu cotidiano vai se tornar pesado. Você vai ficar estressada, sujeita ao burnout, à culpa e ao restante do pacote.

A pergunta é: qual vida que você quer viver?

Não precisa sair correndo para fazer tudo agora.

O que a sua casa comporta? Quer se mudar para uma casa melhor? Tudo bem, mas não precisa sacrificar tudo para que isso dê certo imediatamente.

A construção dessa vida nova passa pela organização. Você precisa se organizar para que a vida fique mais leve e te custe menos. Crescer não significa necessariamente ir para uma casa maior, mas estar onde cabe tudo de que você precisa.

A sua relação com o dinheiro e com o consumo vai mudar. Você vai entender o que cabe e o que não cabe no seu orçamento, bem como vai perceber as ciladas que a vida traz quando você quer viver em uma casa que não é a sua, ou numa casa cheia demais onde é praticamente impossível se movimentar.

Agora escreva:

Que tipo de infiltração já apareceu na sua casa? Você lida com pessoas que querem meter o bedelho na sua vida?

_____

_____

_____

_____

_____

_____

_____

_____

_____

_____

O PISO BRANCO

João e Maria têm uma casa que parece saída de um filme, e sempre reúnem os amigos lá. E uma vez os amigos trouxeram seus filhos pequenos.

A casa fica na praia, tem piscina e é de frente para o mar, mas o piso da sala é todo branco e escorregadio. Então, quando as crianças saíram da piscina começou aquela gritaria: "Não pode entrar molhado na sala".

Eu me pergunto qual a lógica de ter um piso desses numa casa de praia.

Com a nossa vida financeira acontece do mesmo jeito. Muitas vezes fazemos coisas que não contribuem para a vida que queremos ter e não percebemos.

Todo mundo tem um "piso branco", aquela coisa que está ali e a gente não sabe o porquê.

Na hora de organizar, percebemos detalhes que não fazem nenhum sentido.

É porque mudamos o tempo todo. E a realidade deve se encaixar em nossa vida.

Quando você percebe isso, começa a ser dona do seu dinheiro. Porque você tem a oportunidade de mudar.

No caso de João e Maria, eles precisariam colocar um tapete antiderrapante em toda a sala, ou trocar o piso por um mais adequado à circulação de pessoas molhadas.

A casa de Ana também poderia ser um cenário de novela. Só que ela não usa a cozinha para que o imóvel não fique com cheiro de comida. A sala e a cozinha são integradas, e ela não suporta o cheiro de comida nos outros cômodos.

Percebe como a falta de análise na compra ou construção da casa trouxe um grande problema para a família? Imagine ter uma casa linda, bem equipada, mas onde você não pode cozinhar.

Nessa analogia que estamos fazendo entre a sua vida financeira e a sua casa, você precisa que essa casa atenda às necessidades da sua família. Precisa ser útil, muito mais do que ser linda ou exuberante.

Temos a gaveta das necessidades básicas, um espaço maior, porque ocupa um lugar mais amplo em nossa vida financeira. Ali nós computamos moradia, aluguel, prestação da casa, condomínio, luz e água.

Temos a gaveta do transporte, que comporta o IPVA, o financiamento do carro, estacionamento, seguro, manutenção e até a lavagem. Se você não tem carro, pense nos gastos com aplicativos de transporte e com passagens de ônibus e de metrô.

A gaveta da alimentação, a da saúde, a gaveta da educação, a do vestuário.

E é esse mapeamento que estamos fazendo juntas no seu processo de organização. Você já registrou tudo que tem nessa casa e já distribuiu cada coisa nas suas respectivas gavetinhas:

GAVETA DAS NECESSIDADES BÁSICAS	→ Moradia, aluguel, prestação da casa, condomínio, luz e água.
GAVETA DO TRANSPORTE	→ IPVA, financiamento do carro, estacionamento, seguro, manutenção e lavagem do veículo. → Aplicativos de transporte e passagens de ônibus e de metrô
GAVETA DA ALIMENTAÇÃO	→ Compra do mês, compras avulsas (como guloseimas), aplicativo de delivery e restaurantes/bares.
GAVETA DA SAÚDE	→ Convênio médico, remédios de tratamento contínuo, tratamentos alternativos, academia, alimentação orgânica, entre outros.
GAVETA DA EDUCAÇÃO	→ Escola dos filhos, faculdade, cursos profissionalizantes, pós-graduação, livros didáticos, entre outros.
GAVETA DO VESTUÁRIO	→ Roupas íntimas, roupas para trabalhar, roupas para passear; se compradas quando necessário ou por prazer.

Sou capaz de fazer tudo sozinha!

Este é um tópico muito importante. Você já registrou suas finanças, já sabe como organizar tudo em gavetinhas e, antes de entrar nos sonhos, na parte da reserva, quero que entenda uma coisa: você precisa aprender a receber ajuda.

Saber receber é um traço de sabedoria.

Conheço muitas mulheres que fazem tudo para todo mundo. Querem ajudar os pais, os irmãos, os filhos, o marido. Elas são uma presença ativa na vida das pessoas, e todo mundo sabe que pode contar com elas.

E quer saber de uma coisa? As dificuldades na sua vida financeira podem ser causadas também porque você não aceita ajuda, quer fazer tudo sozinha.

Joana sempre foi generosa. Ela emprestava dinheiro para os irmãos e para a cunhada, perguntava sempre se os pais estavam precisando de alguma coisa e nunca se colocava em primeiro lugar.

Um dia ela teve uma crise de burnout e precisou ser ajudada pela família. Para ela, aquilo foi a morte. Ela não sabia aceitar ajuda. Os tios queriam pagar um tratamento com a melhor profissional de saúde, mas Joana não aceitava, sentia-se envergonhada, como se estivesse cometendo um crime.

Mesmo precisando, em um momento de fragilidade, sem poder trabalhar, não sabia ser ajudada.

Isso acontece com tanta frequência que as mulheres nem percebem a situação que criam para si mesmas.

Para que a vida seja próspera, podemos, sim, nos doar, mas precisamos saber receber. Receber presentes, carinho, dinheiro, ajuda de todo tipo, porque ninguém vive sozinho neste mundo.

Mas e quando ninguém se oferece para ajudar? É preciso aprender a pedir ajuda.

Você criou uma imagem tão forte de si mesma que as outras pessoas acreditam que você não precisa de nada, e por isso não se oferecem.

A roda da vida gira se você está aberto a dar e a receber. Pense nisso.

Agora escreva:

Você já respondeu "não precisa" quando alguém te ofereceu ajuda?

_____

_____

_____

DIÁRIO DE UMA ALUNA

Era uma noite quente de dezembro. Eu tinha acabado de registrar tudo que gastava e decidi colocar as coisas nas gavetas certas. A faxina financeira já tinha sido feita, mas eu não sabia como organizar minhas anotações. Tinha coisas por todos os lados. Achei que não seria possível.

A Aline me ensinou de um jeito único e prático a perceber que era mais fácil do que eu imaginava. Além de olhar para todas as minhas afirmações sobre dinheiro, que eram inconscientes até então, comecei a olhar para cada gavetinha, sem culpa ou remorso.

Então as coisas começaram a entrar nos eixos. Entendi meu descontrole, percebi o porquê de não ser organizada. Foi mais do que organizar simplesmente gastos e ganhos. Foi ganhar consciência de quem eu era, de como lidava com minha vida até aquele momento, de como enxergava o dinheiro, o trabalho, o prazer. Como imaginava que seria a vida se pudesse guardar dinheiro, realizar sonhos.

Tive que me redescobrir, me reinventar, e isso não foi fácil.

Acredito que cada pessoa que a Aline desperta acaba mudando a vida de maneira holística, olhando para cada necessidade, cada vontade própria, cada desejo. Porque não somos apenas essa conta matemática de ganhos e perdas. Somos a somatória de nossas histórias, memórias que guardamos de falas dos nossos pais, mães e avós. E a consciência não se dá do dia para a noite, da escassez para a fortuna.

Poder fazer esse percurso, olhando cada gasto de outra maneira, entendendo que eles fazem parte de um jeito de se relacionar com o dinheiro, foi mágico. Aí sim a magia se abriu em minha vida, porque pude perceber que eu poderia fazer do jeito que eu quisesse, traçar as metas que sonhasse e realizar aquilo que meu coração se dispusesse a fazer. A vida ganhou outro tom.

"É no momento
de decisão que nosso
destino é traçado."

TONY ROBBINS

PARTE TRÊS
PLANEJAR

ПРАВЕЗНИК

CUIDE DA SUA CASA COMO SE ELA FOSSE UMA EMPRESA

Muitas pessoas acham que planejamento financeiro é só para empresas. O que eu quero te mostrar é que a vida pessoal também precisa dele.

Gerenciar uma família é o maior negócio da sua vida. Se você tem uma família, precisa gerar dinheiro, controlar gastos, ser organizado e cuidar do planejamento familiar.

O grande problema é que não aprendemos a fazer isso, porque ninguém nos ensina a gerenciar nossas próprias finanças. E existem estratégias e técnicas que te auxiliam a fazer boas escolhas.

É preciso estudar essas técnicas para fazer um bom planejamento financeiro. Do mesmo jeito que um profissional qualificado trará melhores resultados para a empresa, quanto mais preparada for a pessoa responsável pelo planejamento financeiro da família, mais bem-sucedida ela será.

Agora eu te pergunto: se você tivesse uma empresa, deixaria a organização e o planejamento financeiro dela nas mãos de alguém que apenas segue sua intuição?

Você confiaria em alguém que toma decisões baseadas apenas na intuição para cuidar do futuro da sua empresa? Não, né?

E por que, então, com o maior negócio da sua vida, que é a sua família, você está agindo diferente?

Você organiza o presente e planeja o futuro

Fazer um planejamento financeiro é diferente de organizar suas finanças. As duas providências são extremamente importantes, mas a organização é feita com o que já existe, ou já aconteceu; você vai avaliar e decidir se mantém ou muda. Já o planejamento se refere ao que vai acontecer a partir de hoje. E isso vai diferenciar as pessoas que criam suas condições e as que esperam ter "sorte" na vida.

Explicando de uma forma simples: imagine que você esteja se preparando para fazer uma viagem. Você vai arrumar sua mala, separar as roupas, sapatos, chinelos, pijamas, checar o cartão de crédito, o dinheiro e pronto: tudo organizado para a viagem.

Assim que chegam ao local de destino, vem a pergunta: "E agora, o que vamos fazer?".

Você se organizou para viajar, mas não fez um planejamento da viagem. Por isso, agora não sabe onde almoçar, o que fazer, como chegar ao lugar que viu na internet. Falta o quê? Planejamento. A viagem não vai ser tão boa porque você não planejou, apesar da organização.

"Eu anoto tudo que ganho, mas não tenho dinheiro para nada." Se você já disse isso, é muito provável que esteja focada apenas na organização, sem planejar.

Ser organizado com o dinheiro é diferente de ter um planejamento para o futuro.

Acompanhe neste exemplo o planejamento de uma família que tem renda de 5 mil reais.

→ Renda familiar: 5 mil.
→ Custo de vida: 5 mil.
→ Reserva financeira: zero.
→ Dívidas com cartão de crédito: 3 mil.

Agora observe este planejamento financeiro simplificado:

→ Reserva financeira ideal: 30 mil.
→ Valor necessário para quitação das dívidas: 3 mil.
→ Ajuste no custo de vida: 4 mil.
→ Sobra mensal: mil.
→ Destino da sobra mensal:
  → 70% de reserva para quitação da dívida (700 reais).
  → 30% de reserva financeira (300 reais).
→ Prazo para quitar a dívida: 5 meses.
→ Após a quitação da dívida, a sobra será redirecionada:
  → 80% para reserva financeira (800 reais).
  → 20% para a realização de um objetivo pessoal (200).
→ Prazo para construção da reserva financeira: 36 meses.

Como antecipar essa construção da reserva financeira e a quitação da dívida?

→ Renda familiar: 5 mil.
→ Custo de vida: 5 mil.
→ Reserva financeira: zero.
→ Dívidas com cartão de crédito: 3 mil.

Planejamento financeiro simplificado:

→ Reserva financeira ideal: 30 mil.
→ Quitação das dívidas: 3 mil.
→ Ajuste no custo de vida: 4 mil.
→ Sobra mensal: mil.
→ Renda extra mensal: mil.
→ Total de sobra mensal: 2 mil.
→ Destino da sobra mensal:
  → 70% de reserva para quitação da dívida (1.400 reais).
  → 30% de reserva financeira (600 reais).
→ Prazo para quitar a dívida: 2,5 meses.
→ Após a quitação da dívida, a sobra será redirecionada:
  → 80% para reserva financeira (1.600 reais).
  → 20% para a realização de um objetivo pessoal (400 reais).
→ Prazo para a construção da reserva financeira: 18 meses.

Viu como a solução fica mais clara quando você coloca tudo na ponta do lápis?

Nesse planejamento simplificado você precisa seguir dois princípios:

1. Reúna todos os seus números: para isso, você precisa ter colocado ordem na casa e ter sua planilha ou agenda com todos esses números registrados.

2. É preciso fazer sobrar dinheiro. Essa é sua missão: no seu orçamento mensal tem que sobrar dinheiro. Se não sobrar, qualquer crise vai abalar o planejamento, e você vai continuar trabalhando para pagar boletos.

A casa dos sonhos

Algumas pessoas só conseguem entrar em ação quando têm problemas para resolver. Vivem apagando incêndios e se orgulham disso.

"*Tá* muito difícil, mas eu continuo dando meu jeito." Conhece essa fala?

Eu quero te ensinar a mudar essa perspectiva. Você pode aprender a entrar em ação sem precisar criar problemas para si ou esperar que eles aconteçam.

Vamos trocar problemas por sonhos e o jogo fica mais divertido. Isso não quer dizer que os problemas vão desaparecer, mas você estará no comando das suas ações na maior parte do tempo, sem precisar apagar incêndios a vida toda.

Saber que você pode planejar as finanças é uma das coisas mais gostosas disso tudo. Quando sabemos o que tem na casa, o que queremos dela e o que vislumbramos para o futuro, tudo fica mais animador.

A partir de agora vamos falar sobre as metas. É importante ter metas para mudar sua realidade e conseguir entender os padrões necessários para alcançar o que deseja. Depois que você consegue mudar seu comportamento e pensamento, fica mais fácil saber o que fazer e como investir.

É você quem precisa entrar em ação e agir.

Uma das leis de Napoleon Hill, um autor muito reconhecido por ajudar as pessoas a alcançar sucesso na vida, é a **lei da iniciativa**.

Muitas pessoas querem viajar, mudar de trabalho, empreender, mudar de país ou fazer qualquer outra grande transformação, mas não têm iniciativa. Elas ficam esperando o momento perfeito, a pessoa que vai dar aquela "força" que falta, e nunca entram em ação.

É claro que as mudanças nunca acontecem.

Esperar o momento perfeito é a receita para continuar no mesmo lugar, e muitas vezes ver seus resultados diminuindo cada vez mais.

É só refletir sobre uma pessoa que começa em um emprego e após dez anos continua na mesma função com o mesmo salário. Na verdade, ela não continua com o mesmo salário, porque tudo aumentou durante esses dez anos. Se essa pessoa não cresceu financeiramente, ela diminuiu. O que dava para comprar com mil reais há dez anos hoje não dá mais.

Quem entende esse jogo está sempre em busca de crescimento pessoal e profissional para crescer financeiramente.

Quando você trabalha em uma grande empresa, sabe que ela tem metas anuais para cumprir. Essas metas são divididas entre os funcionários, pois são eles que vão ajudar a empresa a chegar aonde planeja. Você olha para as metas, se assusta no início, mas depois se dedica para cumpri-las. Os melhores profissionais não se contentam em bater as metas; eles as ultrapassam.

Então por que, quando se trata da própria vida, as pessoas procrastinam, adiam para o dia seguinte e deixam as metas pessoais para trás? Porque esse foi o padrão que elas aprenderam!

Na empresa, quem não trabalha com eficiência é demitido! Já na vida pessoal não dá para ser "demitido", por isso você deixa para depois e demite seus sonhos.

Você se percebe nesse padrão?

Pode ser no seu negócio, na empresa que você quer começar ou até mesmo com os seus sonhos pessoais. Você precisa estar disposta a agir apesar de...

... ter muito trabalho na empresa;

... ter que estudar para transição de carreira ou para passar no concurso;

... ter que dar atenção para a família;

... ter que cuidar dos filhos.

Isso tudo sempre vai existir. E por que você continua esperando o momento perfeito para agir?

Quem vive um padrão de procrastinação com as próprias metas está condicionado a esperar que alguém diga o que precisa fazer. Você precisa reconhecer e mudar esse padrão para ter sucesso no seu negócio, nos seus objetivos e nos sonhos que quer realizar.

Ninguém vai te dizer o que você precisa fazer. É você que tem que fazer o que deve ser feito, com base nos planos que você mesma definiu para sua vida.

Existem as pessoas que vão lá e agem. Outras só agem quando recebem um estímulo externo. Algumas agem somente quando a necessidade as força a agir. Por último, existem aquelas pessoas que não agem em nenhuma das situações; são as que se sentem paralisadas.

Qual tipo é você?

Para a vida ser mais do que pagar boletos, não podemos esperar que outra pessoa nos ajude, estimule ou encoraje. Pode acontecer de alguém bater na nossa porta, Deus enviar alguém para te incentivar a mudar, mas não fique esperando por isso. Se você está lendo este livro, é mais do que um sinal de Deus de que você deve assumir o controle da sua vida para que seja dona do seu dinheiro.

Definindo as metas

Para alcançar uma meta, o primeiro passo é ter clareza sobre ela. Eu uso a própria palavra META para ensinar a criar e ter mais probabilidade de alcançar.

M: Mensurável

A sua meta precisa ser definida de forma que seja possível dar uma dimensão a ela, ou seja, que ela possa ser mensurada. Só assim você pode saber se está se aproximando da meta ou não.

Errado: *Quero ficar rica.*

Não está claro qual medida você deseja para saber se o resultado foi alcançado.

Certo: *Quero investir 1 milhão de reais...*

Não importa o valor que você vai definir, mas você precisa ter um número que consiga mensurar e acompanhar para saber se está mais próximo da sua meta.

E: Específica

A meta não pode ser genérica; tem que ser específica.

Errado: *Quero ser organizada.*

Esse é um jeito genérico de falar. A organização pode ser diferente para cada pessoa. Por isso é importante definir o que você realmente quer.

Certo: *Quero ter minhas contas em dia, uma reserva financeira e investir 10% da minha renda todos os meses.*

Agora você consegue saber especificamente o que quer.

T: Tempo determinado

Quando não definimos um prazo para alcançar nossas metas, é muito fácil ficar procrastinando, afinal não existe um tempo definido. Mas você precisa determinar um prazo, mesmo que consiga antecipar ou precise ampliar esse prazo depois. Sua meta tem que ser estipulada, ter uma data.

Errado: *Quero fazer uma viagem para o exterior.*

Certo: *Quero fazer uma viagem para o exterior daqui a três anos.*

Depois que você determina o prazo, sua mente e seu corpo já sabem que precisam agir para cumpri-lo, porque a contagem desses três anos começa na hora em que você definiu a meta.

Isso também ajuda a diminuir a ansiedade. Porque a sua mente entende que tem um prazo para alcançar a meta e que você está trabalhando para isso. Não há uma cobrança diária sobre o que você ainda não fez.

A: Alcançável

É muito importante que você comece a definir metas desafiadoras, mas que sejam também alcançáveis. E uma das melhores maneiras de fazer isso é entender o poder das pequenas vitórias.

Defina metas que estejam mais próximas. Assim que você as alcançar, comemore e estabeleça metas maiores.

Repense: *Quero investir 1 milhão de reais.*

Se essa pessoa ainda não tem nem a reserva de segurança, a meta de 1 milhão pode desanimar. Parece distante demais. Uma meta mais próxima traz mais motivação, pois você entende que é possível dar passos para alcançá-la.

Melhor: *Quero ter xx reais na minha reserva de segurança.*

Recapitulando, sua META tem que ser **Mensurável**, **Específica**, ter um **Tempo determinado** e ser **Alcançável**.

Na prática, a meta ficaria assim: *Em três anos, quero ter 50 mil reais de reserva financeira, estar com as minhas contas em dia, manter a disciplina de investir 10% da minha renda e fazer uma viagem para o exterior.*

Viu como fica mais fácil saber para onde você está indo?

Aproveite e escreva suas metas seguindo o modelo que aprendeu agora. Faça uma cópia e cole em um local onde você possa ver sempre. Esse será o seu guia para te manter na rota.

Defina metas para dois meses, seis meses, um ano, três anos, cinco anos, dez anos.

Assim você vai entender que as suas decisões de hoje vão te levar para essa direção que você está definindo para sua vida.

Não conte com a sorte para ter um bom futuro. Você mesma pode construí-lo.

A vida não é só pagar boletos!

Você quer abundância? Não quer mais viver com o mínimo possível? Então precisa saber olhar para sua vida como um grande projeto, colocar ordem nessa casa e definir novas metas.

Se o seu compromisso é sair do cheque especial, adiantar parcelas, quitar o financiamento do carro ou trocar algo na sua casa, é necessário agir em direção às suas metas.

Planejar é dar o próximo passo da organização.

A viagem dos sonhos

Eu amo viajar. Já na infância adorava conhecer novos lugares. Meus pais não tinham muito dinheiro, precisavam dar conta da criação dos filhos e durante um bom tempo lidaram com a construção da nossa casa. Por isso a maioria das minhas viagens de criança foi feita com os pais das minhas amigas ou com meus tios e tias.

Nunca me importei em ter muito conforto; podia ser uma viagem para dormir no colchonete que eu ia toda animada, com a mochila nas costas.

Fiz várias viagens com amigos no tempo de adolescente, daquelas em que a gente só come cachorro-quente e macarrão por ter pouco dinheiro.

Quando me casei, com dezenove anos, planejei nossa viagem de lua de mel para Natal, no Rio Grande do Norte. Moro no Rio, e uma viagem para o Nordeste não era tão fácil de fazer em 1999. Mas foi incrível. Curtimos muito, fizemos vários passeios e não nos endividamos, pois estava tudo planejado. Mesmo sendo bem nova e meu marido também (ele tinha 21 anos e trabalhava desde os 15 em um banco), nós éramos conscientes em relação ao nosso dinheiro.

Fizemos várias viagens depois de casados e passamos perrengue quando ele foi demitido do banco e eu estava na faculdade. Tivemos que reorganizar as coisas e rever nosso custo de vida. O fato de não assumirmos dívidas nos ajudou a superar esse momento de demissão e a reorganizar nossa vida financeira. Meu marido decidiu empreender comigo, e, como todo início de negócio, as coisas demoraram a dar resultado. Foi preciso muito planejamento para superar esses anos de reestruturação financeira, e não foi nada fácil.

Mas, como em tudo na vida, se conseguirmos organizar, planejar e entrar em ação, as coisas se ajeitam e tudo melhora novamente. Nossa loja começou a dar mais dinheiro, eu me tornei sócia de uma escola de educação infantil, um novo sonho começou a surgir...

"Será que eu consigo levar meus filhos para a Disney?"

Eu nunca tinha imaginado essa possibilidade. Meus pais jamais cogitaram sair do país quando éramos crianças, ninguém da minha família tinha viajado para tão longe...

Mas decidi começar o planejamento e ver se era possível fazer essa viagem.

Era preciso listar tudo o que eu precisava para viajar: passaporte, visto, passagens, hospedagem, passeios, ingressos para os parques, dinheiro para gastar lá.

Percebi que não era tão simples, mas também não era impossível.

Comecei o planejamento para fazer a viagem em dois anos e tudo foi incrível. Quando viajamos, o Daniel tinha sete anos e a Ana tinha quatro. Aproveitamos cada momento com gosto de conquista, de sonho realizado. Não era uma viagem fácil de pagar naquele momento; só aconteceu por causa da meta que eu defini e das escolhas que fizemos para economizar e realizar esse sonho.

Para conquistar a nossa viagem, decidimos não sair mais para jantar em restaurantes, eu mesma fazia minhas unhas e pintava o cabelo em casa para economizar; reduzimos todos os gastos extras para direcionar nosso dinheiro para a realização da viagem. Realizar sonhos não é questão apenas de ter dinheiro; tem a ver com direcioná-lo para o que você realmente deseja.

Com organização e planejamento, você se torna dona do seu dinheiro.

Para nossa família, realmente a vida deixou de ser só pagar boletos. Lembro até hoje, dez anos depois, a emoção que senti quando ouvi o Mickey gritando: "Dreams can come true" (Os sonhos podem se tornar realidade).

O meu sonho se tornou realidade naquele dia.

Você precisa transformar seus sonhos em ação, nem que seja um pouquinho a cada dia. Faça diariamente uma coisa específica que precisa ser feita, sem que ninguém te mande fazer.

Quando você começar a fazer isso, daqui a uma semana estará sete passos à frente do que está hoje. Se não consegue arrumar o guarda-roupa, pegue uma gaveta e arrume. Em dez dias terá arrumado todo o armário.

Se não consegue investir 10% da sua renda, comece investindo 1%. Você terá mais em um ano do que tem hoje.

Agora escreva:

Qual sonho você gostaria de realizar?
Vamos transformar em meta?
Escreva aqui!

Presente:

Passo a passo de um planejamento de viagem para você.

As gavetas da realização dos sonhos

Na organização que você fez da sua vida financeira — quando descobriu o que é preciso jogar fora, o que continuar e o que substituir —, você abriu espaço para a chegada de novos hóspedes: os sonhos.

E chegou a hora de cuidar da gaveta dos objetivos futuros.

Se você deixar tudo desorganizado, sua gaveta de sonhos ficará vazia.

A pergunta-chave é: "O que você gostaria de ter na gaveta dos sonhos?".

Se todo o seu dinheiro coubesse nas gavetas e ainda sobrasse, o que gostaria de ter?

Pensando numa casa, esse seria o jardim. O jardim simboliza aquela viagem, uma aposentadoria tranquila, uma casa melhor. O que você vai ter quando perceber que consegue pagar as contas, que está organizado e que ainda pode realizar sonhos e conquistar coisas na vida?

Quando começamos a organizar nossa casa, não fazemos isso só para ela ficar bonita. Nós organizamos para nos sentirmos confortáveis. Para ter bem-estar.

Vamos fazer um exercício?

Feche os olhos e se imagine por alguns minutos em um local agradável, com uma música que te agrada muito e vendo em uma tela pequenos filmes da sua vida.

O que você gostaria de ver nesse filme?

Você gostaria de ver pessoas que você conseguiu ajudar?

Viagens com sua família?

Uma experiência pessoal?

Após esse exercício, anote o que conseguiu visualizar nessas imagens.

Vamos transformar essas memórias do futuro em metas realizáveis?

Agora escreva:

O que você deseja realizar?

Você tem um sonho ou vários? Escreva um pouco sobre cada um deles.

_____

_____

_____

_____

_____

E agora vamos detalhar esses sonhos. Escreva quando pretende realizá-los e quanto custaria essa realização hoje.

Quando?

_____

_____

_____

Quanto custa?

_____

_____

_____

Eu uso essa técnica com meus filhos, com minha equipe e com meus alunos.

Quando querem fazer alguma coisa nova, pergunto a eles quanto custa o que querem, em quanto tempo pretendemos alcançar isso e depois conversamos para identificar de onde virá esse dinheiro.

Agora, a pergunta mais importante: como conseguir o dinheiro para fazer isso?

_____

_____

_____

Você sabe o que quer, quando pretende fazer, quanto custa. Então é hora de entender como conseguir o dinheiro.

A maioria das pessoas tem ideias incríveis que não conseguem colocar em prática. Elas acreditam que os sonhos se realizam como mágica, mas desconhecem as regras para ser dona do próprio dinheiro.

O que vai fazer a magia acontecer é: conhecimento + organização + planejamento e ação.

O poder das pequenas metas

É preciso definir pequenas metas que serão degraus para alcançar a meta maior.

Se você quer ter 1 milhão em dez anos, em um ano precisa ter conseguido investir 100 mil reais.

Se quer ter dinheiro para viajar para as Bahamas daqui a cinco anos, quanto precisa ter guardado a cada ano? E por mês?

No planejamento financeiro que fiz para a minha primeira viagem para Disney, há dez anos, defini pequenas metas como etapas e fui pagando antes da viagem ao longo de dois anos.

1. Passaporte.
2. Visto.
3. Passagens.
4. Hospedagem.
5. Ingressos dos parques.
6. Dinheiro para usar na viagem.

Fomos determinando micrometas. Se não fizéssemos isso, não chegaríamos ao resultado.

Conseguimos fazer tudo o que gostaríamos durante essa viagem? Não.

Mesmo com todo o planejamento, tivemos que fazer escolhas entre ir a outros parques ou comer em bons restaurantes.

Optamos por ir a todos os parques. Foram mais de dez, entre os do grupo Disney, Universal Studios e Sea World.

Estávamos dispostos a renunciar aos restaurantes e fazer refeições rápidas no quarto do hotel para economizar.

Quando chegamos lá, percebemos que o hotel não tinha frigobar, e teríamos que comer fora todos os dias ou comprar comida pronta. Isso não estava no nosso planejamento, e nos vimos obrigados a buscar uma nova opção. Percebemos que ficava mais barato comprar um frigobar pequeno do que fazer as refeições fora. Então, compramos um frigobar por 50 dólares no Walmart e reduzimos os custos com café da manhã e jantar.

A viagem continuou sendo maravilhosa, mesmo com os imprevistos que nos fizeram mudar os planos.

Ter um planejamento é importante até mesmo para conseguir mudar de planos. Tendo a direção, as decisões ficam mais claras.

PLANEJAMENTO FINANCEIRO EM CURTO, MÉDIO E LONGO PRAZO

Agora que você já entendeu a importância de definir sonhos e metas, vamos criar um GPS, ou seja, vamos finalmente falar de prazos para esses sonhos.

O que pode acontecer entre seis meses e um ano?

No planejamento de curto prazo você tem que colocar bastante energia e entrar rápido em ação, porque um ano tem apenas 52 semanas. Quando nos damos conta, já passou, por isso é importante definir essas metas com base no que você já vem construindo nos últimos anos.

Se você quer pintar a parede de sua casa em um ano, o que precisa fazer para ter esse dinheiro? É preciso gerar uma nova fonte de renda para pagar?

Sua meta de curto prazo pode ser um curso, um conserto no carro, uma viagem curta.

Evite criar expectativas maiores do que é possível em curto prazo.

Muito cuidado também com a antecipação de sonhos. Você pode querer tudo, mas precisa entender que o tempo e sua capacidade de gerar dinheiro devem ser levados em consideração para evitar o famoso "passo maior que a perna". Cuidado para não assumir um compromisso difícil demais e depois não dar conta.

Agora escreva:

Liste aqui suas metas de curto prazo.

_____

_____

_____

Acima de um ano até cinco anos

As metas de médio prazo são excelentes para mudanças de vida.

Em cinco anos, com um bom planejamento e ação direcionada e constante, é possível começar uma nova carreira, mudar de cidade, de estado e até de país. Criar um negócio, construir uma casa...

As pessoas superestimam o que podem fazer em um ano e subestimam o que podem fazer em cinco ou dez. Essa frase é constante nos discursos de grandes empresários, e você precisa entendê-la.

Em toda virada de ano as pessoas se propõem metas gigantescas e se esquecem delas logo após o carnaval. No ano seguinte fazem a mesma coisa e continuam sem realizar as metas. Isso acontece pela falta de capacidade de pensar e planejar os próximos cinco anos.

Troque "Este ano vou mudar de vida" por "Nos próximos cinco anos o meu negócio vai gerar mais de 10 mil reais por mês".

Percebe a diferença?

Você não coloca sua esperança total em doze meses, mas trabalha com consistência, com ações direcionadas para o resultado que vai colher daqui a cinco anos.

Agora escreva:

Liste aqui suas metas de médio prazo e estabeleça um tempo para alcançá-las.

_____

_____

_____

Metas de longo prazo: seis anos ou mais

Quando falo de longo prazo, estou falando de um tempo superior a seis anos. Pode ser muito mais do que isso, por sinal.

É difícil planejar algo que vai se realizar tanto tempo depois, muitas coisas podem mudar com o tempo, mas, se você não tem uma visão de longo prazo, caminha em uma estrada sem visibilidade.

Ter um plano para o longo prazo não limita a sua vida. Você pode mudar de planos ao longo do tempo, mas as sementes estão sendo plantadas desde agora para que sejam colhidas no futuro.

Pense em quem planta uma árvore. Dificilmente essa pessoa vai ver os frutos a curto prazo, já que a maioria das árvores precisa de anos para frutificar pela primeira vez. No entanto, se alguém não semear e plantar a árvore, o fruto nunca vai existir.

Pense nas suas metas de longo prazo como uma plantação de frutas de que você poderá usufruir por muitos anos.

Quando começar a fazer planos de longo prazo?

Quanto mais jovem, maior a capacidade de investir a longo prazo. Porque uma das principais variáveis do crescimento dos investimentos é o tempo.

Quando você consegue entender que tudo o que faz hoje — incluindo a forma como gera, usa e investe o seu dinheiro —, vai refletir na sua qualidade de vida no futuro e que o futuro não demora tanto tempo para chegar, você muda suas atitudes diante da vida.

Topa fazer um experimento comigo?

Encontre três pessoas que tenham mais de oitenta anos. Pergunte a elas se acharam que a vida passou rápido.

Pergunte se aos trinta elas se imaginavam aos cinquenta ou aos oitenta anos.

Se tiver intimidade com essas pessoas, pergunte se com quarenta anos elas se preocupavam em ter uma reserva para complementar a aposentadoria.

É bem provável que a maioria responda que o tempo passou rápido e que nem percebeu. E olha que estamos falando de pessoas que nasceram no máximo até a década de 1940, quando não existiam tantas distrações. O tempo passava mais devagar, e mesmo assim elas dizem que passou rápido. Imagine para a nossa geração, que vive com distrações e demandas por todo lado? Você acha que vai demorar para o seu futuro chegar?

Não quero te deixar pessimista com essa conversa, mas preciso chamar a sua atenção para essa realidade.

Apenas uma parcela mínima dos idosos brasileiros consegue manter o padrão de vida que tinha antes da aposentadoria só com o que construiu ao longo dos anos. A grande maioria depende da ajuda de familiares, amigos, de empréstimos ou precisa continuar trabalhando para sobreviver. Não podemos fechar os olhos para essa realidade, porque a hora de construir esse futuro é agora. Não importa se você tem vinte, trinta, quarenta, sessenta ou setenta anos, ainda há tempo de construir um futuro melhor para você. Quanto antes começar, melhor.

Eu quero trabalhar para contribuir com o mundo, ser útil para ele, porque acredito que para estar neste mundo tenho que ser assim. Quero continuar trabalhando até os 94 anos. Com essa idade ainda quero estar escrevendo meus livros.

Mas não quero ser obrigada a trabalhar para pagar minhas contas, por isso estou construindo minha independência financeira. Investindo todos os meses uma parte da minha renda para que esse dinheiro trabalhe para mim no futuro.

Isso é tão importante que eu ensino crianças, pais e professores nos meus cursos de educação financeira a começar investir para o futuro desde sempre.

Chamo essa reserva de "Baú do tesouro", para os pequenos entenderem que esse dinheiro não se pode usar; é para guardar e investir.

Os adultos sabem que esse é o investimento na sua independência financeira.

Se você decidir juntar e investir uma parte do seu dinheiro durante dez anos, já estará muito melhor do que 90% das pessoas, que vão chegar à aposentadoria precisando de ajuda alheia para sobreviver.

O seu eu do futuro vai agradecer muito ao seu eu de hoje, que decidiu plantar as melhores sementes.

Agora escreva:

Liste aqui as suas metas de longo prazo.

_____

_____

_____

RESERVA FINANCEIRA: O PREÇO QUE VOCÊ PAGA PARA DORMIR TRANQUILA

Poucas pessoas sabem a importância de ter uma reserva financeira até precisar dela.

É como o plano de saúde: você acha que não precisa, até precisar. Sempre priorizei pagar um plano de saúde de qualidade, mesmo nos momentos em que era necessário economizar em várias outras coisas. E ficou muito claro para mim o quanto valeu a pena esse meu investimento de anos quando minha filha nasceu prematura de 33 semanas e passou quinze dias na UTI neonatal. Quando ela recebeu alta, ficou uma semana em casa e precisou retornar para ficar mais dez dias internada.

Imagine se eu não tivesse um plano de saúde: eu teria que vender minha casa para cobrir os custos de 25 dias de internação. O custo de uma UTI neonatal, mais a medicação e todo o aparato médico, seria inviável sem um plano de saúde. E, considerando a precariedade do serviço público de saúde que temos no Brasil, eu teria passado muito mais noites sem dormir se minha filha estivesse em um hospital público.

Com a reserva financeira também é assim: ela não impede que problemas aconteçam, mas é o suporte para te amparar quando algo inesperado surge. Com ela, podemos dormir tranquilos.

Falando em termos bem simples, a reserva financeira é um valor equivalente a seis a doze meses do seu custo de vida.

Agora que já organizou as gavetas da sua vida financeira, você sabe quanto custa manter a sua vida e a da sua família por um mês. Basta multiplicar esse valor por seis.

É fácil: se você tem um custo de vida de 2 mil reais, a sua reserva financeira precisa ser de 12 mil.

Você precisa fazer um planejamento para guardar e investir uma parte da sua renda todos os meses até chegar a esse valor de

12 mil, que deve ficar investido e que possa ser sacado em caso de imprevistos.

Se hoje você não consegue separar parte da renda para criar sua reserva de segurança, precisa começar a criar outras fontes de renda com o objetivo de gerar dinheiro para essa reserva.

Mesmo os funcionários públicos, que têm estabilidade no emprego, podem sofrer com imprevistos. Já atendi clientes que eram funcionários públicos concursados mas ficaram mais de seis meses sem receber salário por alguma decisão judicial ou por má administração do poder público. Sem reserva financeira, eles dependeram da ajuda de familiares para manter a própria vida, ou se endividaram para pagar as contas básicas.

Faça um planejamento financeiro que te permita dormir tranquilo, sabendo que suas contas estão pagas e que, mesmo que algum imprevisto aconteça, você terá como se manter financeiramente por seis meses.

E por que seis meses?

Porque é um tempo médio para a pessoa se reestruturar, buscar outras fontes de renda, se recolocar no mercado de trabalho ou começar um negócio. É um tempo para se restabelecer tendo dinheiro para se manter e manter a própria família.

Pessoas que precisam ainda mais de segurança podem fazer uma reserva de doze meses.

Isso é recomendado para aqueles que têm menor estabilidade profissional, como empreendedores, profissionais autônomos ou artistas, que dependem 100% da própria ação para gerar renda todos os meses.

Conheci muitos artistas que, apesar de fazerem sucesso no cinema e na TV, perderam contratos e passaram a enfrentar situações difíceis após meses sem novos trabalhos. Também já vi empreendedores que precisaram fechar o negócio devido a diversos imprevistos e perderam até mesmo a moradia, por não terem uma reserva suficiente para manter o aluguel e demais compromissos financeiros da família.

Por isso, é fundamental ter clareza sobre a importância de construir essa reserva financeira e agir para começá-la a partir de hoje.

As crises fazem parte da vida. O que podemos fazer é organizar nossa rotina para que, mesmo com as crises, possamos superar esses momentos.

Agora escreva:

Calcule o valor da sua reserva financeira de segurança:

Custo de vida atual: _____

Reserva financeira: _____ ×6 = _____

Meta de investimento mensal para a reserva: _____

Prazo para completar a reserva: _____

Conseguiu formar sua reserva financeira? Parabéns e cuidado!

A sensação de ter uma reserva é realmente maravilhosa. Mas a tentação de usar esse dinheiro com outras coisas é enorme.

Não se deixe levar por uma emoção de momento. Sua reserva precisa estar blindada e ser usada apenas em uma emergência real ou parte dela em uma oportunidade que te ajude a gerar mais dinheiro de forma consciente e segura.

O que isso quer dizer?

Surgiu uma viagem de última hora. Pode usar a reserva? Não.

Uma bolsa em promoção. Pode usar a reserva? Não.

O dinheiro da reserva é a sua segurança para momentos de crise.

Para viajar você cria outra reserva, a reserva da diversão.

Não tem dinheiro para viajar? Faça um planejamento e junte dinheiro para uma próxima ocasião.

A reserva te permite sair de situações de conflito e abusos.

Ao longo da minha carreira, eu soube de muitas pessoas trabalhando à base de remédios porque não aguentavam mais o emprego, mas não queriam pedir demissão porque estavam precisando de dinheiro. E elas não tinham reserva.

Se você tem uma reserva financeira, pode fazer um planejamento, pedir demissão e usar essa reserva até conseguir se recolocar no mercado.

Nunca precisou usar a reserva? Maravilha! Ela continuará rendendo frutos para você

A reserva financeira não impede que problemas aconteçam, mas nos ajuda a enfrentar o problema sem a preocupação de não poder pagar a conta.

Agora escreva:

Quanto você precisa investir por mês para criar a sua reserva financeira?

De onde virá esse dinheiro? Renda extra? Redução de gastos no orçamento?

_____

_____

_____

_____

_____

_____

_____

_____

METAS SÃO VIDA!

Quem tem metas sabe para onde quer ir e não fica perdido no meio do caminho. Só que o grande erro das mulheres é ter metas completamente fora da casinha. É bem fácil entender se a sua meta está pronta para ir pra jogo. Olha só:

Comece pelo M: a meta precisa ser Mensurável.
Quanto dinheiro, qual a quantia?
Você precisa ser específica.

_____

_____

_____

A meta também precisa ser Específica.
Precisa viajar? Quer ir para uma região próxima, para outro estado ou para o exterior? Vai de carro, de ônibus ou avião?
Seja específica.

_____

_____

_____

A meta precisa ser Temporal.
Viajar daqui a quanto tempo? Intercâmbio? Para quando?

_____

_____

_____

E a meta tem que ser Alcançável.

Se é uma meta longa, dificilmente você vai ter ânimo para conseguir juntar o dinheiro necessário. Qual o prazo a sua meta?

_____

_____

_____

O perigo de antecipar sonhos e de fazer dívidas

Conheço muita gente que sabe bem o que quer, tem metas palpáveis, com muito dinheiro entrando, as coisas fluindo e de repente troca os pés pelas mãos.

Já falamos de decisões emocionais, e agora vamos falar sobre sonhos antecipados. E essa história é tão real que até dói na alma contar.

Conheço uma família que tinha uma renda ótima e estava pagando o financiamento da primeira casa. Um dia eles fizeram um empréstimo consignado para viajar para o exterior.

Depois disso, as coisas começaram a se enrolar. O endividamento veio como um caminhão desgovernado que atropelou tudo.

Eu vi os sonhos daquela família desmoronando. Vi a venda do imóvel com que tanto tinham sonhado para pagar as dívidas do empréstimo consignado.

Tudo isso por causa de más escolhas.

O brasileiro acredita que, quando tem uma boa renda e estabilidade, pode se dar ao luxo de lidar com o crédito. É como um empreendedor que começa a faturar mais e logo aumenta o padrão de vida.

Só que, sem planejamento, nada feito.

Os sonhos desmoronam por falta de planejamento.

DIÁRIO DE UMA ALUNA

Sonhar faz parte da vida de qualquer pessoa, não é mesmo? Só que os sonhos já estavam longe de mim. Distantes, eu não conseguia enxergá-los porque não queria mais me decepcionar. Tantas vezes tinha sonhado, criado metas ousadas, e nada daquilo havia se realizado. Às vezes porque eu não tinha reservas financeiras, e, sempre que estava caminhando rumo a algum lugar, algo externo acontecia e eu precisava tirar aquele dinheiro da gavetinha dos sonhos para remendar o que estava quebrado. Às vezes porque eu já estava com medo de voltar a sonhar e deixar os sonhos ali despedaçados.

A verdade é que a Aline ensina não somente a colocar o dinheiro nas gavetas e registrar os gastos, organizar aquilo que está bagunçado, como se faz numa casa. O que ela ensina é muito maior. Ela nos ensina a nos enxergarmos para além dessa desorganização. A percebermos o que está desorganizado em nossa vida e em nossa história de vida. Ao longo do curso eu me peguei respondendo perguntas complexas e redescobrindo minha jornada, revendo meus comportamentos, minha vida na infância, tudo aquilo que aprendi e entendi como certo em relação ao dinheiro, à carreira e ao trabalho.

E percebi que o prazer em ganhar dinheiro, seguir uma carreira de sucesso, era possível sem que eu gastasse excessivamente a todo instante. Quando entendemos o mecanismo, tudo fica muito mais fácil. E a organização se faz naturalmente. Paramos de reviver ciclos de gastos para compensar outras coisas com que nos sentimos em débito.

A desordem na minha vida estava traduzindo algo muito mais profundo dentro de mim. Eu estava levando para a vida financeira algo que não tinha como saber que existia.

Registrar, organizar e planejar foram passos importantes que me ajudaram a entender muita coisa, mas ao mesmo tempo eu consegui interpretar o meu modo de lidar com o dinheiro e conversar comigo mesma para não continuar da mesma forma.

A vida é muito mais do que pagar boletos e pensar em preocupações com contas. Poder voltar a sonhar, fazer planos e entender que o futuro nos espera, cheio de sonhos a serem realizados, é parar de viver na reatividade, de sobreviver e começar a brilhar, a prosperar, a gostar de ter, guardar, distribuir e realizar.

SEJA DONA DO SEU DINHEIRO

Finalizo este livro em meio a uma das viagens mais incríveis que já fiz. Estou em Paris. Enquanto degusto um chá e um croissant no quarto do hotel e aprecio a vista, me deparo com a menina que caminhou até aqui. A menina que chorou quando entrou na escola pública, a menina que vendeu carimbos; aquela que, decidida, comprou um carro aos dezoito anos.

Aquela menina cresceu e mudou de vida pelos filhos. Tentou de tudo, até abrir uma escola infantil para poder ficar mais perto deles. E, depois de se tornar empresária, percebeu que tinha um dom — o de organizar as coisas. Não era mágica. Era uma técnica que só quem é mãe conhece. A técnica de querer sempre fazer mais e melhor pelos filhos. De poder dar a casa que eles merecem, de preservar os sonhos com cuidado, de encaixar cada custo em cada gaveta para fazer dar certo.

O equilibrismo e a manobra não foram fáceis. Muitas vezes deixei de comer o que gostava para poder comprar o que cabia no orçamento. Ver o rostinho das crianças com vontade no supermercado não é fácil. Mas a gente aprende a dar a cada coisa o seu verdadeiro valor.

E foi assim que cresci. Ensinando meus filhos a darem valor ao dinheiro. A colocar o dinheiro em cada gavetinha certa para que eles pudessem um dia entrar num supermercado e comprar o que quisessem, sem precisar calcular se ia caber na renda do mês.

Para não faltar comida na mesa, uma mãe é capaz de tudo. Isso você bem sabe. Se não é mãe, deve ter uma.

Se inventei armários para que a casa fosse organizada, não foi por mim. Foi por eles.

E o Instituto que criei, de educação financeira, nasceu por causa de uma necessidade. Cansei de ver pessoas morando mal, sofrendo por causa de perrengues financeiros, deixando de pagar a escola dos filhos, se endividando com aluguel parcelado e fazendo coisas indevidas para que tudo continuasse do jeito que dava. Tudo sem ordem, sem registro, sem planejamento.

E estar aqui, depois de acertar a mão nas finanças e de poder formar tantos educadores financeiros pelo mundo, é uma vitória. Não é um mero acaso.

Fiz questão de contar a você por que a minha gaveta de sonhos sempre esteve cheia. E minhas metas eram muito claras. Eu investi em mentorias que jamais imaginei pagar. Investi em cursos de mastermind para estar ao lado de pessoas que não conhecia, e que me ajudariam a dar um passo maior. Troquei experiências com outros empresários que me apoiaram, com especialistas, com pessoas que proporcionaram trocas produtivas para que minha palavra chegasse a outras pessoas.

E não foi preciso apenas rezar para chegar aqui. Se bem que eu rezei muito. Só eu sei quantas vezes me ajoelhei para pedir que minha mente trouxesse as melhores soluções para nossa família.

Rezei grávida, enquanto ouvia tiros no Morro do Alemão. E não imaginava que um dia estaria em Paris escrevendo um livro. O filho que estava na barriga hoje tem dezessete anos, surfa, é um jovem feliz e consciente.

Rezei quando estive aos pés de uma incubadora depois que minha filha nasceu prematura. E não pensei que ela estaria tão saudável e que poderia ser uma grande amiga quando se tornasse adolescente.

Rezei quando me vi em situações insuportáveis. E mesmo assim não foram só as orações que me salvaram. Foram as ações.

Agir é muito diferente de pedir. Seria simples ficar sentada esperando que as coisas se resolvessem sozinhas, mas tive que tomar decisões muitas vezes difíceis ou impopulares para poder transformar aquilo que não sabia se ia dar certo num projeto majestoso e próspero.

Hoje posso honrar minha história estando diante de um sonho. Vivendo um sonho. Uma vida que não é um conto de fadas, mas que se materializou porque segui todos os métodos que propus a você neste livro.

Eu tive que registrar tudo para saber o que cabia dentro da minha casa. Precisei escrever nos meus caderninhos o que estava sendo desperdiçado, que saía voando pela janela ou escorria pelo ralo.

Diante daquele orçamento, entendi que não dava para seguir empurrando a desorganização com a barriga. Era preciso crescer. Era preciso me organizar, olhar sem medo para as finanças e ver que não eram um bicho-papão.

Acontece que muitas de nós fugimos desse momento de enfrentamento justamente porque tememos o monstro que pode sair do armário e nos aterrorizar. Não conhecemos o tamanho dele.

E só conseguimos lidar com ele quando sabemos o seu tamanho. Pode ser que ele nem seja tão grande quanto você imagina. E aí você se vê fugindo de um bichinho que poderia matar com o pé. Caso ele seja maior do que você, quem sabe não seja tão forte quanto sua capacidade de crescer?

Digo por experiência própria, depois de ajudar tantas mulheres a organizar suas finanças pessoais, que registrar, organizar e planejar as finanças é uma mudança que atinge todas as esferas da vida.

Você organiza as suas finanças e dorme melhor. Você faz escolhas melhores, sofre menos, não morre de ansiedade e nem se preocupa tanto com o que está por vir. Você se organiza e vira o jogo da vida.

E a melhor parte é que depois dessa organização você pode simplesmente começar a fazer um planejamento, e nele cabem sonhos, cabem projetos, cabe riqueza, cabem mimos. Cabe tudo.

Lembra da música "Oração", da Banda Mais Bonita da Cidade? Ela diz: "Cabe o meu amor, cabem três vidas inteiras, cabe uma penteadeira. Cabe nós dois".

E hoje cabemos nós dois. Eu e meu marido, pai dos meus filhos, aqui num quarto de hotel em Paris. Porque esse sonho coube numa gaveta que eu soube alimentar com fé e amor. Esperança de que um dia seria possível realizar este sonho.

Sempre amei viajar. Sempre tive gavetas especiais para me dar prazeres como este.

Por isso, o convite deste último capítulo é que você revise todos os passos que deu até agora. É mais simples do que você pensa.

Eu quero que você entenda de uma vez por todas que pode ser a salvadora, a curadora, a heroína da sua vida. Chega de ser a guerreira. De guerrear todos os meses como se estivesse numa batalha. Uma lutadora que não sai do ringue.

A sua vida não precisa ser tão difícil. Você merece mais. Merece crescer, merece prosperar, merece tirar todos os seus sonhos da gaveta e deixar todos os boletos pagos para que não seja um sofrimento trabalhar.

Você merece viver com prazer, merece ter uma chave da riqueza nas mãos, merece estar nos lugares em que sempre sonhou. Merece proporcionar o melhor para seus filhos. Merece comprar o que gosta, a roupa que acha linda, o carro que ama.

E eu te prometo que dar esse passo é mais simples do que você imagina. É uma jornada simples. Se você registrou, organizou e planejou, aos poucos vai entender que o tempo é seu aliado. E que pode dar certo.

Os planos podem ser maiores. Eu vendi carimbos para comprar um carro. Não acho que seja vergonhoso fazer algo a mais para complementar a renda, mas não vejo sentido numa vida em que a gente se mate para pagar boletos, em que a gente perca a saúde para dar o que comer para os filhos.

Eu quero ver você saudável e feliz, se alimentando bem, com as contas pagas, tirando os sonhos da gaveta porque fez o dever de casa.

Quem disse que a vida precisa ser tão corrida? Tão dura? Quem disse que a gente precisa sofrer tanto e se acostumar com isso? Quem disse que tem que viver de privações?

A organização financeira existe para que você realize sonhos. Para que se redescubra. Para que, dentro desse processo, você se reinvente.

Eu me reinventei profissionalmente incontáveis vezes até encontrar meu caminho. Isso resgatou minha fé em mim mesma, porque descobri capacidades que nem sonhava que tinha.

Quando comecei a olhar para o problema comum entre as pessoas, entendi que poderia salvar o mundo salvando a mim mesma. Ninguém ia solucionar meu problema exceto eu mesma. E salvando a mim mesma eu poderia salvar os demais. Poderia ajudar as pessoas a encontrar suas soluções, desenterrando projetos, abrindo caminhos.

Existe uma magia que acontece quando você se abre para o processo. Ela transforma as coisas aí dentro e proporciona mudanças. Você vai conhecendo pessoas novas, vai se dando conta de que o movimento da vida é uma sincronicidade de eventos que só nos ajudam a seguir em frente. Essas pessoas podem compartilhar projetos com você, podem te guiar, podem mudar seus rumos. Você vai se surpreender quando entender que existe um novo caminho a ser seguido.

Você pode sim, e isso começa com um hábito. Uma iniciativa pessoal simples pode determinar a mudança no seu caminho. E esse hábito vai te transformar, fazendo você caminhar com mais coragem, porque você terá novos objetivos em mente.

Seu objetivo não será pagar contas. Será a felicidade, aquele sonho, aquele projeto. E isso nos move mais do que você pode imaginar.

A verdade é que toda adversidade leva consigo a semente de um benefício equivalente. Uma derrota temporária não é um fracasso, a menos que você a aceite como tal.

Nesse processo é importante fazer um inventário das adversidades passadas para se lembrar das suas forças. Reconhecer tudo isso faz parte do caminho.

A aplicação deste método não exige nenhuma habilidade especial. Eu só preciso que você acredite em si mesma e confie que vai dar certo.

Quem tem fé tem tudo. E ter fé nada mais é que manter a mente fixa naquilo que mais desejamos. É uma demonstração externa de uma definição de propósitos. É algo que vem de dentro. Uma força que nos orienta e nos guia. E é ela quem nos leva e nos orienta na concretização do nosso objetivo.

Mas, para isso, é preciso ter um objetivo bem definido. E você só será capaz de enxergá-lo quando colocar cada coisa em seu devido lugar.

É preciso saber o que queremos, caso contrário não vamos seguir em direção alguma. Faça uma oração, mas siga com uma ação. E mantenha a mente aberta para as orientações que vêm de dentro. Coloque seus planos mais audaciosos em prática e se esforce para encontrar o seu sucesso.

185

Nesse processo de busca eu também precisei de força. A força que não sabia que tinha guardada e que às vezes ficava paralisada por causa do medo. O nosso estado de espírito pode nos ajudar a resgatar essa força.

Portanto, é vital que limpemos nossos pensamentos das crenças de que "nunca vai dar certo". Se possível, escreva em letras bem grandes os benefícios e as vantagens de conquistar seus objetivos. Ter seu propósito superior bem definido vai te ajudar a encontrar o seu caminho.

A associação com pessoas que estejam na mesma sintonia também pode te beneficiar. Elas vão te inspirar a crescer e a continuar nesse caminho.

E é preciso que você não deixe passar nem um dia sem ao menos um movimento na direção da conquista do seu sonho. A fé sem obras é morta.

Se preciso, observe as pessoas que admira. Veja quão prósperas e confiantes elas são. Tente acompanhar o ritmo delas. Observe os livros que leem, o que elas dizem. E não se esquive de desafios, não fuja deles. A fé está na ação.

Alimente a mente com seus desejos, dia e noite. E transforme seus sonhos em realidade. Restaure sua confiança.

Faça um breve histórico de sua vida, entenda que existe um poder secreto te conduzindo e encontre esses sinais ao longo da sua trajetória. Confie que existe um caminho a ser seguido e se encha de coragem.

Nessa jornada, muitas pessoas de fora te chamarão de "sonhadora". Quer saber? O progresso depende de pessoas que sonham, que realizam, que buscam, que estão dispostas a enfrentar os demônios e bichos escondidos nas gavetas da alma. Quando nos dedicamos a enfrentá-los, nada nos impede de seguir adiante.

Escrevo este livro com o coração cheio de amor por você. Porque sei que não é preciso mais sofrer. Sei que você pode e merece viver do jeito que sempre sonhou. Que pode realizar sonhos.

Uma atitude mental positiva pode mudar tudo. Pode te fazer mais firme, mais determinada, trazer fé e coragem para os desafios. Pode te desviar da estrada do medo.

Você pode encarar seu poder interior e produzir novas oportunidades em sua vida, realizações, e não deixar que os fracassos te consumam ou baixem sua energia.

Todos fracassamos em algum ponto da vida, e eu compreendo que você tenha medo de ter esperança mais uma vez. Porque já se cansou de ter tanta esperança, de acreditar tantas e tantas vezes que poderia chegar a algum lugar. Se cansou de ver sonhos destruídos e desmoronando.

Mas siga nessa estrada. Entenda que a vida é feita de fracassos e subidas.

Horace Mann dizia que o hábito é uma corda; nós tecemos um fio dela a cada dia até que, finalmente, não conseguimos mais rompê-la.

A força do hábito vai fazer toda a diferença neste método. Se você está em uma situação difícil, é por causa do acúmulo de anos de maus hábitos. Os bons hábitos levarão você para outro patamar. É a mesma coisa que acontece com a reeducação alimentar. Não se pode comer direito em um dia e depois se alimentar só de porcarias. Faz parte do processo ingerir comida de qualidade diariamente, até você aprender a fazer apenas escolhas saudáveis.

Com a vida financeira é assim.

Aos poucos você começa a se sentir mais segura e constante acerca de seu poder pessoal. E começa a ter visões criativas ao longo do processo. Sendo capaz de olhar para o passado e para o presente, você começa a criar seu futuro da maneira que deseja. Não estou falando de mágica aqui, mas de um princípio universal, confirmado pelos maiores pensadores do mundo.

À medida que começamos a nos movimentar em direção a algo, essa ação demanda energia e cria novos hábitos. E os hábitos não chegam sozinhos. Eles precisam de sua orientação, de certa inspiração e de ajuda.

Sendo disciplinadas, chegamos aonde queremos. Não tem segredo. Pode ter magia, mas a magia nasce do esforço. Da força de vontade, da concentração. Essa concentração nos ajuda a manter o foco nos nossos sonhos e objetivos.

Aplicar o método ROP — Registrar, Organizar, Planejar — é criar uma vida.

Estou te contando isso de um lugar dos sonhos. Sonhos que não ficaram engavetados por falta de dinheiro. Sonhos que alimentei com a força da minha alma e que construí com meu suor, com conquistas diárias — e com uma dose de fé e otimismo, por que não?

Não recue. Revise tudo o que fez, o que sentiu. E sinta como pode chegar mais longe. Sinta o poder dos seus sonhos, que querem nascer o tempo todo e impulsionar a sua vida. Tirar você do medo, da depressão, tirar você deste jogo frágil que te limita — que é sintoma do acúmulo de funções.

Vamos resgatar a força que existe dentro de você. Que está aí escondida. Basta despertar.

O seu potencial está além da sua própria compreensão. E você pode se abastecer de força quando seus planos e propósitos estiverem traçados.

Não deixe que seus pensamentos destruam você dizendo que não é capaz de se reerguer. Os medos e dificuldades existem dentro da sua mente. E o seu principal inimigo é unicamente o medo. O medo de empobrecer, de ter doenças, de ser criticada, de perder o amor das pessoas. Quando se deixa abater por esse medo, você deixa de avançar, vai definhando e regredindo com o passar dos anos. Se queixando da falta de oportunidades e deixando de reconhecer sua infinita capacidade de criá-las.

Somos todos criadores da nossa realidade. Somos criadores da nossa vida.

A organização financeira está em te fazer prosperar e ser feliz, em te tornar dona do seu dinheiro.

Você merece isso.

DESAFIO DE 17 DIAS PARA FAZER SUA ORGANIZAÇÃO FINANCEIRA: A VIDA NÃO É SÓ PAGAR BOLETOS

Dia 1: Providencie um caderno para fazer o desafio.

Dia 2: Escreva o que existe na sua casa hoje. (Seus compromissos financeiros.)

Dia 3: O que você gostaria que coubesse na sua casa e não cabe? (O que você quer ter e não pode?)

Dia 4: Preencha a planilha com todos os compromissos ou o PDF de controle financeiro. (Use o QR code para baixar a planilha ou o PDF.)

Dia 5: Identifique os gastos fixos e separe os que têm valor fixo dos que têm valor variável. (Aluguel é despesa fixa com valor fixo. Conta de energia é despesa fixa com valor variável.)

Dia 6: Identifique seus gastos variáveis. (Variáveis são as despesas que não acontecem todos os meses.)

Dia 7: Liste todas as suas receitas, fixas e variáveis.

Dia 8: Dia da Faxina Financeira. (Avalie: Receita é igual a despesa? A receita é maior que a despesa? A receita é menor que a despesa?)

Dia 9: Reveja seus custos fixos e variáveis e marque o que você pode reduzir, substituir e cortar.

Dia 10: Negocie com os fornecedores. (Ligue para pelo menos cinco fornecedores e negocie a redução do valor.)

Dia 11: Cancele os serviços que não estão sendo usados.

Dia 12: Calcule o valor economizado com as reduções e cancelamentos. (Multiplique por doze o valor economizado por mês. Tire uma foto e me marque no Instagram: @alinesoaper.)

Dia 13: Analise e liste as prestações futuras. (Cartão de crédito, parcelamentos, financiamentos etc.)

Dia 14: Confira se a receita é suficiente para cobrir todas as despesas e se tem sobra de dinheiro.

Dia 15: Comemore e se comprometa a manter a organização para a magia continuar acontecendo ou volte ao início do roteiro para retraçar a rota.

Dia 16: Faça sua lista de sonhos.

Dia 17: Coloque em prática o planejamento que você aprendeu na parte três do livro.

"A VIDA NÃO É SÓ PAGAR BOLETOS."

Fontes **Financier, Gothiks**
Papel **Alta Alvura 90 g/m²**
Impressão **Imprensa da Fé**